Isabel Buchwald-Wargenau

IM BERUF *Neu*

Fachwortschatztrainer Bau

Deutsch als Fremd- und Zweitsprache

Hueber Verlag

Fachliche Beratung: Dipl.-Ing. Sören Omieczynski, Leipzig

Zu den so gekennzeichneten Übungen und zum Lernwortschatz gibt es Audiodateien, die Sie über die kostenlose *Hueber Media*-App für Smartphone und Tablet abrufen können.

Unter *www.hueber.de/im-beruf-neu* können Sie die Audios auch im MP3-Format kostenlos herunterladen. Dort finden Sie auch die Transkriptionen und die Lösungen zu den Übungen in diesem Trainer.

4. 3. 2. | Die letzten Ziffern bezeichnen
2029 28 27 26 25 | Zahl und Jahr des Drucks.

Alle Drucke dieser Auflage können, da unverändert, nebeneinander benutzt werden.

1. Auflage

Umschlaggestaltung: Sieveking Agentur, München
Layout und Satz: Sieveking Agentur, München
Verlagsredaktion: Majanka Schwarz, Hueber Verlag, München
GPSR-Kontakt: Hueber Verlag GmbH & Co. KG, Baubergerstraße 30, 80992 München, kundenservice@hueber.de
Druck und Bindung: Friedrich Pustet GmbH & Co. KG, Gutenbergstraße 8, 93051 Regensburg, technik@pustet.de
Printed in Germany
ISBN 978-3-19-331190-0

Art. 530_24684_001_02

Inhalt

Anhang

Vorwort

Mehr als 800 Wörter aus dem Fachwortschatz Bau wurden für diesen Trainer thematisch in 37 Wortfelder gruppiert. Je eine Doppelseite zu jedem Wortfeld bietet abwechslungsreiche Übungen und eine Liste des Lernwortschatzes mit Linien zum Eintragen der eigenen Übersetzung.

Die ersten zehn Wortfelder haben wir zum besseren Kennenlernen der Übungstypen konsequent mit Beispiellösungen versehen. In den Wortfeldern 11 bis 37 haben nur noch unbekannte Übungstypen solche Beispiellösungen.

Übungen auf der Grundlage eines Hörtextes sind durch ein Lautsprechersymbol besonders gekennzeichnet. Diese Hörtexte und die Vertonung des Lernwortschatzes sind über eine kostenlose App für Smartphone und Tablet abrufbar. Unter *www.hueber.de/im-beruf-neu* finden Sie die Audiodateien auch im MP3-Format zum kostenlosen Download. Sie können dort auch die Transkriptionen und die Lösungen zu den Übungen in diesem Trainer kostenlos herunterladen.

Zum schnellen Auffinden einzelner Wörter dient das Wörterverzeichnis im Anhang ab Seite 80.

Viel Spaß und Erfolg mit unserem Fachwortschatztrainer Bau
wünschen Ihnen
die Autorin und der Verlag

Einige Tipps fürs Wörterlernen

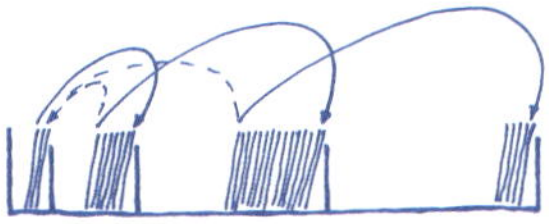

Karteikarten

Schreiben Sie die Wörter, die Sie lernen möchten, zusammen mit einem Beispielsatz auf Karteikarten. Notieren Sie auf die Rückseite die Übersetzung. Besorgen Sie sich einen Karteikasten. Neue Kärtchen kommen ins erste Fach. Wenn Sie ein Wort können, wandert es ein Fach nach hinten. Die Wörter in den hinteren Fächern werden ab und zu kontrolliert. Beherrschen Sie eine Vokabel bei der Überprüfung nicht mehr, kommt sie wieder ins erste Fach. Das letzte Fach ist das Archiv. Aber auch diese Wörter sollten Sie gelegentlich überprüfen.

Wörternetze

Notieren Sie Wörter, die zusammengehören, in einem Wörternetz und sammeln Sie diese Netze. Wenn Sie ein neues Wort lernen, das dazu passt, ergänzen Sie Ihr Netz.

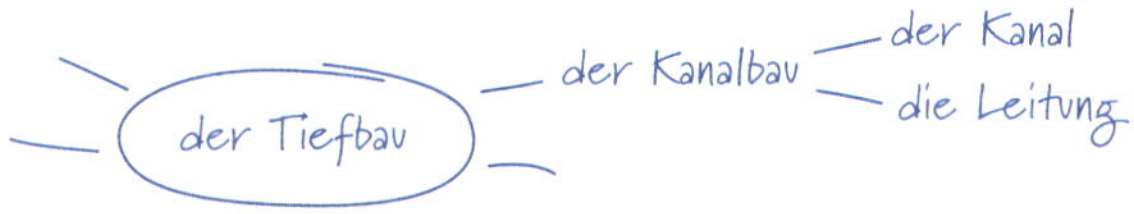

Wort-Bild-Karten

Schreiben Sie das Wort auf ein Kärtchen und kleben Sie auf ein anderes Kärtchen ein passendes Bild oder zeichnen Sie selbst. Mit einer Sammlung dieser Kartenpaare können Sie ein Memo-Spiel oder, wenn Sie ein Bild und ein nicht dazu passendes Wort zusammenkleben, Domino spielen. Das macht am meisten Spaß, wenn Sie mit mehreren zusammen spielen.

Diese Spiele funktionieren auch, wenn Sie Teile von zusammengesetzten Wörtern auf die Kärtchen schreiben.

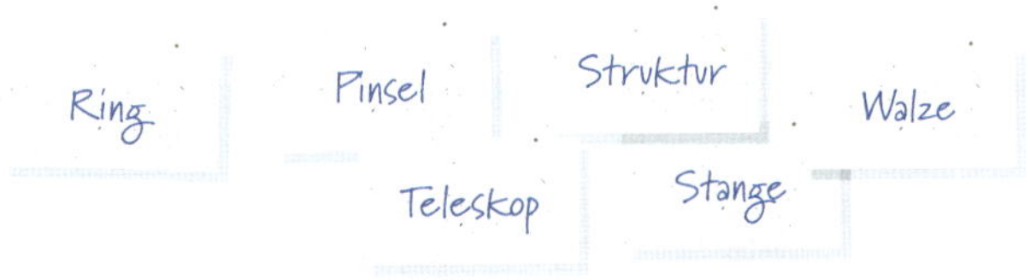

Schreiben

Schreiben Sie die Wörter öfter mal mit der Hand. Was man geschrieben hat, prägt sich besser ein, und mit der Hand funktioniert das besser als mit dem Computer.
Sie können zu den Wörtern auch Beispielsätze aus Ihrem Berufsalltag aufschreiben. Oder Sie schreiben Sätze, die den Begriff definieren.

Mit einem Theodolit kann man Winkel messen und bestimmen.

Bewegung

Auch Bewegung hilft beim Lernen. Legen Sie die Lernwortschatzliste zum Beispiel in die Küche und decken Sie die deutsche Seite zu. Schauen Sie ein muttersprachliches Wort an, gehen Sie ins Wohnzimmer und notieren Sie dort das deutsche Wort usw., bis Sie die Liste abgearbeitet haben.

1 Berufe am Bau

1 Ergänzen Sie.

Betonbauer | ~~Dachdeckerin~~ | Elektriker | Maurer | Tischlerin

1 Die Dachdeckerin arbeitet hoch oben auf den Dächern von Häusern und sorgt zum Beispiel dafür, dass die Dächer dicht sind.
2 Der ______ baut zum Beispiel aus Steinen Mauern und Wände.
3 Die ______ stellt Möbel aus Holz her, zum Beispiel Tische.
In Süddeutschland benutzt man für diesen Beruf ein anderes Wort: *Schreinerin.*
4 Der ______ installiert, kontrolliert und repariert elektrische Systeme und Geräte.
Offiziell sagt man auch *Elektroniker* zu diesem Beruf.
5 Der ______ stellt zum Beispiel Bauteile aus Beton her und bearbeitet Betonteile.

2 Ordnen Sie die Berufe aus 1 zu.

A ______

B ______

C 1

D ______

E ______

3 Ergänzen Sie die fehlenden Berufsbezeichnungen.

1 die Fliesen + legen → der Fliesenleger / die Fliesenlegerin
2 die Straßen + bauen → der ______ / die ______
3 das Dach + decken → der ______ / die ______
4 der Beton + bauen → der ______ / die ______

4 Ergänzen Sie. Hören Sie dann zur Kontrolle.

absolviert | Ausbildung | Aushilfe | gejobbt | Handwerk | ~~Zimmerer~~

Berufe im Handwerk – welcher ist der richtige für mich?

Hallo, ich bin Sami. Ich habe einen handwerklichen Beruf gewählt – ich bin [1] Zimmerer. Das ist ein tolles [2] ______. Als Zimmerer baut man Holzhäuser und stellt große Holzkonstruktionen her. Ich habe früher in den Ferien manchmal als [3] ______ auf einer Baustelle [4] ______. Dort habe ich mir verschiedene Berufe angeschaut. Und nach der Schule habe ich mich für eine [5] ______ zum Zimmerer entschieden. Als ich die Lehre [6] ______ hatte, bin ich auf die Walz gegangen. Das war eine tolle Zeit! Wenn ihr mehr zu meinem Beruf wissen wollt: einfach fragen!!! 🙂

5 Wie kann man das auch sagen? Verbinden Sie.

1 der Auszubildende
2 der Tischler
3 die Ausbildung
4 jobben
5 absolvieren

A arbeiten
B die Lehre
C erfolgreich beenden
D der Schreiner
E der Lehrling

6 Bilden Sie Wörter und ergänzen Sie.

Aus | Aus | Bau | bauer | bil | Dach | decker | dung | hilfe | ~~Mau~~ | ~~rer~~ | stelle | Straßen

1 ◆ Was bist du von Beruf?
○ Ich bin [a] Maurer . Meine [b] ____________ habe ich bei Sattland-Bau absolviert. Und du?
◆ Ich bin die neue [c] ____________. Auf dieser [d] ____________ arbeite ich die nächsten zwei Wochen.

2 ◆ Sag mal, war dein Traumberuf nicht [a] ____________?
○ Ja, das stimmt. Aber bei einem Praktikum habe ich gemerkt, dass ich Angst habe, wenn ich hoch oben auf Dächern arbeite. Deshalb bin ich [b] ____________ geworden. Das ist auch ein interessanter Beruf.

7 Was bedeutet es, wenn Handwerker *auf die Walz gehen*? Recherchieren Sie.

Lernwortschatz

absolvieren, hat absolviert ____________
die Ausbildung, -en ____________
die Aushilfe, -n ____________
der / die Auszubildende, –, die Auszubildenden ____________
die Baustelle, -n ____________
der Betonbauer, – / die Betonbauerin, -nen ____________
der Dachdecker, – / die Dachdeckerin, -nen ____________
der Elektriker, – / die Elektrikerin, -nen ____________
der Fliesenleger, – / die Fliesenlegerin, -nen ____________
das Handwerk, -e ____________
handwerklich ____________
jobben, hat gejobbt ____________
der Lehrling, -e ____________
der Maurer, – / die Maurerin, -nen ____________
der Schreiner, – / die Schreinerin, -nen ____________
der Straßenbauer, – / die Straßenbauerin, -nen ____________
der Tischler, – / die Tischlerin, -nen ____________
die Walz (Sg.) ____________
der Zimmerer, – / die Zimmerin, -nen ____________

2 Arbeitskleidung

1 **Beschriften Sie die Bilder.**

die Arbeitshandschuhe | die Arbeitshose | ~~der Arbeitsoverall~~ | die Sicherheitsschuhe | die Warnweste

1 

2 

3 

4 

5 

1 der Arbeitsoverall

2 ....

3 ....

4 ....

5 ....

2 **Verbinden Sie.**

1 Arbeitshandschuhe — C
2 Sicherheitsschuhe
3 Durch Warnwesten
4 Arbeitshosen
5 Schutzhelme
6 Schutzbrillen

A haben praktische Taschen.
B schützen den Kopf.
C schützen die Hände.
D kann man Personen gut sehen.
E schützen die Augen.
F schützen die Füße.

3 a **Welche Wörter hören Sie? Kreuzen Sie an.**

- ○ der Schutzanzug
- ○ der Gesichtsschutz
- ⊗ der Gehörschutz
- ○ die Atemschutzmaske
- ○ die Knieschoner
- ○ der Auffanggurt

b **Hören Sie noch einmal. Ergänzen Sie dann die Wörter, die Sie in a angekreuzt haben.**

1 der Gehörschutz: schützt die Ohren bei lauten Arbeiten vor Schäden

2 ....: schützt die Atemwege und die Lunge vor Staub und gefährlichen Stoffen

3 ....: werden bei häufigem Arbeiten am Boden verwendet, um die Knie zu schützen

4 Bilden Sie noch vier Wörter und ordnen Sie zu. Notieren Sie auch die Artikel.

Atem | Auffang | Gehör | ~~Gesichts~~ | gurt | Knie | maske | schoner | ~~schutz~~ | schutz | schutz

1 der Gesichtsschutz

2 ……………………

3 ……………………

4 ……………………

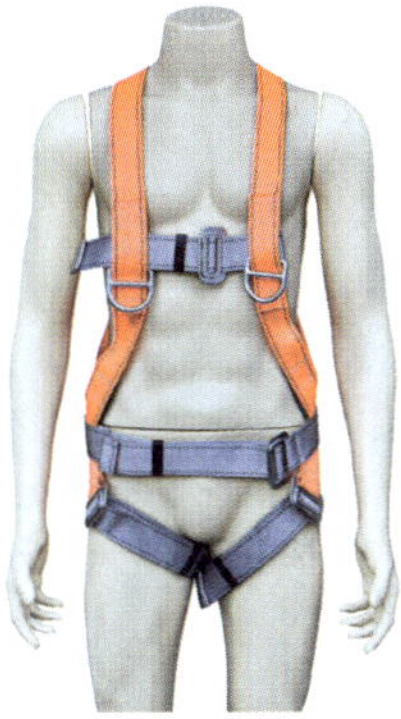

5 ……………………

5 Was passt nicht? Streichen Sie.

1 für den Kopf: der Schutzhelm – die Mütze – ~~die Warnweste~~ – der Gehörschutz
2 für Beine und / oder Füße: die Sicherheitsschuhe – die Schutzbrille – die Gummistiefel – die Arbeitshose
3 für das Gesicht: die Schutzbrille – der Gesichtsschutz – der Auffanggurt – die Atemschutzmaske
4 für gefährliche Situationen: der Schutzanzug – der Gehörschutz – die Knieschoner – der Gesichtsschutz

6 Welche Arbeitskleidung braucht man in den verschiedenen Berufen aus Wortfeld 1? Machen Sie eine Liste.

der Dachdecker / die Dachdeckerin: Arbeitshose, Schutzhelm, Auffanggurt

Lernwortschatz

der Arbeitshandschuh, -e ……………………
die Arbeitshose, -n ……………………
die Arbeitskleidung (Sg.) ……………………
der Arbeitsoverall, -s ……………………
die Atemschutzmaske, -n ……………………
der Auffanggurt, -e ……………………
der Gehörschutz (Sg.) ……………………
der Gesichtsschutz (Sg.) ……………………
der Gummistiefel, – ……………………
der Knieschoner, – ……………………
die Mütze, -n ……………………
der Schutzanzug, ¨-e ……………………
die Schutzbrille, -n ……………………
der Schutzhelm, -e ……………………
der Sicherheitsschuh, -e ……………………
die Warnweste, -n ……………………

3 Sicherheit 1: Gebotszeichen und Verbotszeichen

1 Schreiben Sie die Wörter richtig.

[1] Sicherheitskennzeichen (zeichenkennheitsSicher) sind wichtig, um Unfälle zu vermeiden – vor allem am Arbeitsplatz. Zu den Sicherheitskennzeichen gehören zum Beispiel [2] .... (zeichenGebots) (!). Das sind [3] .... (chenZei), die ein [4] .... (botGe) zeigen, also etwas, das man tun muss. Außerdem gibt es [5] .... (zeichenVerbots) (⃠). Diese Zeichen zeigen, was man nicht tun darf – also ein [6] .... (botVer).

2 a Gebots- oder Verbotszeichen? Umkreisen Sie alle Verbotszeichen. Ergänzen Sie anschließend den Merksatz.

A 
B 
C 
D 
E 

F 
G 
H 
I 
J 

Merksatz: .... sind weiß-blau, ... sind weiß-rot.

b Ordnen Sie die Zeichen in a zu.

1	Hände waschen	B	6	Hineinfassen verboten	......
2	Atemschutz benutzen	......	7	Betreten der Fläche verboten	......
3	Handschutz benutzen	......	8	Aufsteigen verboten	......
4	Auffanggurt benutzen	......	9	Offene Flamme, Feuer verboten	......
5	Augenschutz benutzen	......	10	Für Fußgänger verboten	......

3 Wie heißen die Zeichen? Kreuzen Sie an.

1 

- ○ Auf Tische steigen verboten
- ⊗ Benutzung des unvollständigen Gerüsts verboten
- ○ Treppe benutzen

2 

- ○ Für Fußgänger verboten
- ○ Sitzen verboten
- ○ Stuhl benutzen

3 

- ○ Mit Wasser löschen verboten
- ○ Offene Flamme, Feuer verboten
- ○ Wasser benutzen

4 

- ○ Sport machen verboten
- ○ Die Tür benutzen
- ○ Schieben verboten

4 **Bilden Sie Wörter mit -*schutz* oder *Schutz*- und ordnen Sie zu.**

Fuß | Gehör | ~~Gesichts-~~ | Kleidung | Kopf

1 
2 
3 
4 
5 

1 Gesichtsschutz benutzen
2 .... benutzen
3 .... benutzen
4 .... benutzen
5 .... benutzen

5 a **Welches Zeichen wird beschrieben? Hören Sie und kreuzen Sie an.**

1 ○ 

2 ○ 

b **Hören Sie noch einmal und ergänzen Sie den Namen des Zeichens.**

Das Zeichen heißt K□□□□ s□□□□□□ L□□□.

6 **Wie könnte das andere Zeichen in 5a heißen? Überlegen Sie Namen und notieren Sie. Recherchieren Sie dann den richtigen Namen.**

Das Zeichen könnte heißen:
Das Zeichen heißt:

Tipp:
Suchen Sie „Verbotsschild“ + „Kiste“ im Internet.

Lernwortschatz

das Gebot, -e ....
das Gebotszeichen, – ....
- Atemschutz benutzen ....
- Auffanggurt benutzen ....
- Augenschutz benutzen ....
- Fußschutz benutzen ....
- Gehörschutz benutzen ....
- Gesichtsschutz benutzen ....
- Hände waschen ....
- Handschutz benutzen ....
- Schutzkleidung benutzen ....

das Sicherheitskennzeichen, – ....
das Verbot, -e ....
das Verbotszeichen, – ....

Abstellen und Lagern verboten ....
Aufsteigen verboten ....
Benutzen des unvollständigen Gerüsts verboten ....
Betreten der Fläche verboten ....
Für Fußgänger verboten ....
Hineinfassen verboten ....
Keine schwere Last ....
Mit Wasser löschen verboten ....
Offene Flamme, Feuer verboten ....
Schieben verboten ....
Sitzen verboten ....

das Zeichen, – ....

4 Sicherheit 2: Warn-, Rettungs- und Brandschutzzeichen

1 a Wie sehen die Zeichen aus? Hören Sie und verbinden Sie dann.

1 das Allgemeine Warnzeichen
2 Warnung vor elektrischer Spannung
3 Warnung vor Flurförderzeugen
4 Warnung vor Absturzgefahr
5 Warnung vor Rutschgefahr

A gelbes Dreieck, schwarzer Rand und ein Fahrzeug
B gelbes Dreieck, schwarzer Rand und eine Person, die auf den Boden fällt
C gelbes Dreieck, schwarzer Rand und eine Person, die von einer Stufe fällt
D gelbes Dreieck, schwarzer Rand und ein Ausrufezeichen
E gelbes Dreieck, schwarzer Rand und ein Blitz

b Ordnen Sie die Nummern aus a zu.

...... 
1 
...... 
...... 
...... 

2 Wie heißen die Zeichen? Ordnen Sie die Wörter.

1 vor Stoffen Warnung explosionsgefährlichen
Warnung vor explosions-gefährlichen Stoffen

2 vor Warnung Last schwebender
....

3 Gegenständen Warnung herabfallenden vor
....

4 Stoffen vor giftigen Warnung
....

5 am Boden Hindernissen Warnung vor
....

6 Warnung vor Kopfbereich im Hindernissen
....

3 Sehen Sie das Bild an und schreiben Sie die Wörter richtig.

1 .... (chenzeiWarn) sind gelb,
2 .... (chenzeitungsRet) sind grün und
3 .... (chenzeischutzBrand) sind rot.

4 Rettungszeichen. Verbinden Sie.

A 

B 

C 

1 Erste Hilfe
2 Notruftelefon
3 Sammelstelle
4 Automatisierter Externer Defibrillator
5 Krankentrage
6 Rettungsweg

D 

E 

F 

5 Brandschutzzeichen. Sehen Sie die Bilder an und ergänzen Sie.

löscher ~~melder~~ schlauch telefon

1 Brandschutzzeichen Brand melder
2 Brandschutzzeichen Feuer ....
3 Brandschutzzeichen Lösch ....
4 Brandschutzzeichen Brandmelde ....

1 

2 

3 

4 

6 Fotografieren Sie in einer öffentlichen Einrichtung (z. B. U-Bahn-Station, Einkaufszentrum) Warn-, Rettungs- und Brandschutzzeichen. Recherchieren Sie, was sie bedeuten.

Lernwortschatz

das Brandschutzzeichen, – ....
- Brandmelder ....
- Brandmeldetelefon ....
- Feuerlöscher ....
- Löschschlauch ....

das Rettungszeichen, – ....
- Automatisierter Externer Defibrillator ....
- Erste Hilfe ....
- Krankentrage ....
- Notruftelefon ....
- Rettungsweg ....
- Sammelstelle ....

das Warnzeichen, – ....
- Warnung vor Absturzgefahr ....
- Warnung vor elektrischer Spannung ....
- Warnung vor explosionsgefährlichen Stoffen ....
- Warnung vor Flurförderzeugen ....
- Warnung vor giftigen Stoffen ....
- Warnung vor herabfallenden Gegenständen ....
- Warnung vor Hindernissen am Boden ....
- Warnung vor Hindernissen im Kopfbereich ....
- Warnung vor Rutschgefahr ....
- Warnung vor schwebender Last ....

5 Hochbau

1 **Hören Sie. Schreiben Sie dann die Wörter richtig und hören Sie noch einmal.**

VORLESEN

der [1] Hochbau (bauHoch): Teilgebiet im [2] .... (wesenBau). Im Gegensatz zum Tiefbau beschäftigt sich der Hochbau mit der [3] .... (nungPla) und mit der [4] .... (tungErrich) von [5] .... (werkenBau) (Häusern, Hallen, Türmen usw.) oberhalb der [6] .... (oberflächeGelände) (= Hochbauten).

2 a **Wie heißen die Gebäude? Beschriften Sie die Bilder.**

das Hochhaus | das Hotel | das Kaufhaus | ~~der Turm~~ | das Wohnhaus

1 der Turm

2 ....

3 ....

4 ....

5 ....

b **Ergänzen Sie die Wörter aus a.**

1 Dieser Turm ist mehr als 70 Meter hoch. Man hat von oben eine tolle Aussicht.
2 In der Innenstadt wird ein neues .... errichtet. Es soll im nächsten Jahr eröffnet werden und über 100 Geschäfte haben.
3 Familie Levini hat ein Grundstück in der Südstadt gekauft und möchte dort ein .... bauen. Es soll aber nicht so groß sein, die Familie möchte dort zu viert leben.
4 Dieses .... mit 15 Stockwerken stammt aus den 1970er-Jahren und muss unbedingt saniert werden. Darin gibt es mehr als 80 Wohnungen.
5 In der Maximilianstraße wird ein neues .... gebaut. Es soll drei Etagen und mehr als 160 Betten haben.

3 **Bilden Sie Komposita. Notieren Sie auch die Artikel.**

1 hoch + der Bau = der Hochbau
2 hoch + das Haus = ...
3 wohn~~en~~ + das Haus = ...
4 der Bau + das Werk = ...
5 das Gelände + die Oberfläche = ...

4 a Beschriften Sie die Bilder.

~~Betonbau~~ Fertigbau Massivbau Skelettbau

1 der Betonbau
2 der ....
3 der ....
4 der ....

b Hören Sie. Lesen Sie dann und ordnen Sie die Nummern aus a zu.

1 Wände und Decken tragen das Gewicht. Die Wände werden oft aus Mauerziegeln aufgebaut. 2
2 Spezialform der Massivbauweise: Wände und Decken bestehen aus Beton. ....
3 Nicht nur die Wände, sondern vor allem einzelne Elemente tragen das Gewicht. ....
4 Die Teile des Hauses werden fertig geliefert und können schnell aufgebaut werden. ....

Mauerziegel

5 Ergänzen Sie.

Bauweise Errichtung ~~Gebäude~~ Planung

◆ Oh, das ist ja ein tolles [1] Gebäude. Wann wurde es denn gebaut?
○ Das ist eine lange Geschichte. Die [2] .... vor dem Bau hat allein schon 15 Jahre gedauert. Die [3] .... fand dann von 1880 bis 1910 statt, 30 Jahre lang ...
Es gab immer wieder Probleme. Dafür ist die [4] .... bis heute faszinierend.

6 Erklären Sie, welche Bauweisen es gibt und worin sie sich unterscheiden.

Lernwortschatz

die Bauweise, -n
das Bauwerk, -e
das Bauwesen (Sg.)
bestehen (aus), hat bestanden
der Betonbau, -ten
die Betonbauweise, -n
errichten, hat errichtet
die Errichtung (Sg.)
der Fertigbau, -ten
die Fertigbauweise, -n
das Gelände, –
die Geländeoberfläche, -n
der Hochbau, -ten
das Hochhaus, ¨-er
das Hotel, -s
das Kaufhaus, ¨-er
der Massivbau, -ten
die Massivbauweise, -n
der Mauerziegel, –
oberhalb
die Planung, -en
der Skelettbau, -ten
die Skelettbauweise, -n
das Teilgebiet, -e
der Turm, ¨-e
das Wohnhaus, ¨-er

6 Gerüste

1 **Schreiben Sie die Wörter richtig. Hilfe finden Sie im Lernwortschatz.**

1 das .... (brettBord)

2 der .... (belagGerüst)

3 der .... (holmGeländer)

4 der .... (holmZwischen)

5 der .... (schutzSeiten)

6 das Arbeitsgerüst (gerüstArbeits)

2 **Welches Wort passt? Hören Sie und ergänzen Sie.**

abstürzen ~~Arbeitsgerüste~~ gleichmäßig kippsicher Seitenschutz überlasten Unfallgefahr verstrebt

www.gut-und-sicher-bauen.de

VORLESEN

Sichere 1 Arbeitsgerüste reduzieren die 2 ....

Arbeitsgerüste sind nötig, um in der Höhe gut arbeiten zu können. Dabei ist wichtig, dass das Arbeitsgerüst sicher aufgebaut ist. Es muss 3 .... stehen und darf nicht wackeln. Außerdem muss es 4 .... sein. Das bedeutet, dass es mit zusätzlichen Stangen diagonal gesichert ist.

Damit arbeitende Personen nicht 5 ...., muss man am Gerüst genug 6 .... anbringen. Es ist auch wichtig zu wissen, wie viel Gewicht das Gerüst tragen kann. Zu viel Gewicht kann das Gerüst 7 ...., es ist dann nicht mehr sicher. Das Gewicht muss auch 8 .... verteilt sein. In jedem Fall gilt: Auf dem Gerüst immer vorsichtig sein!

3 Was passt? Verbinden Sie.

1 das Gewicht
2 Seitenschutz
3 das Arbeitsgerüst
4 Abstürze und Unfälle

A anbringen
B kippsicher stellen
C verhindern
D gleichmäßig verteilen

4 Was soll Andrej tun? Hören Sie und ergänzen Sie die Notizen.

Morgen früh: Gerüst kontrollieren!!!

1 Steht es kippsicher ?
2 Ist es überall ______ ?
3 Reicht der ______ ? Geländerholme UND ______ ?
4 Wenn Personen und Material auf dem Gerüst: Gewicht ______ ______ ?

5 Bilden Sie Wörter und ergänzen Sie.

Ar | be | beits | Bord | brett | ~~fäl~~ | ge | Ge | läge | ~~le~~ | rüst | rüst | ~~Un~~

Unfälle sind leicht zu verhindern

Schon gewusst? Die meisten [1] Unfälle auf Baustellen kann man verhindern, zum Beispiel durch den richtigen Umgang mit dem [2] ______. Seitenschutz ist unbedingt nötig. Wenn man ein [3] ______ anbaut, können Gegenstände nicht so leicht herabfallen. Gute [4] ______ machen das sichere Stehen und Arbeiten möglich.

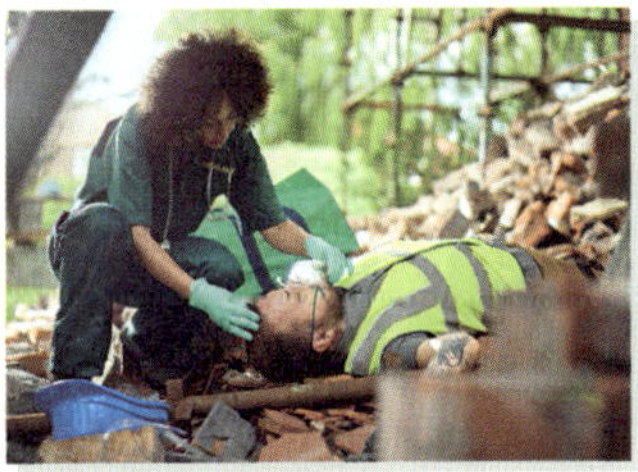

6 Recherchieren Sie: Was für Gerüste gibt es noch? Wofür braucht man sie? Machen Sie Notizen.

Lernwortschatz

der Absturz, ¨-e ______
abstürzen, ist abgestürzt ______
anbringen, hat angebracht ______
das Bordbrett, -er ______
der Geländerholm, -e ______
das Gerüst, -e ______
der Gerüstbelag, ¨-e ______
das Gewicht, -e ______
gleichmäßig ______
herabfallen, ist herabgefallen ______
kippsicher ______
der Seitenschutz (Sg.) ______
überlasten, hat überlastet ______
der Unfall, ¨-e ______
die Unfallgefahr, -en ______
verhindern, hat verhindert ______
verstrebt ______
verteilen, hat verteilt ______
der Zwischenholm, -e ______

7 Baukrane

1 Hören Sie und ergänzen Sie.

~~Baukran~~ | Baumaterial | Motoren | Turmdrehkran | Verladung | vertikal

VORLESEN

der [1] Baukran : dient zur Bewegung und [2] .... von [3] .... und anderen Lasten. Ein Baukran wird meist mit [4] .... betrieben. Er kann Lasten horizontal → und [5] .... ↑ verladen. Ein auf Baustellen oft gebrauchter Kran ist der [6] ....

der Turmdrehkran

2 Ergänzen Sie.

absetzen ↓ | aufnehmen ↑ | bewegen | ~~verladen~~

eine Last [1] verladen = eine Last von einem Ort zu einem anderen Ort [2] ....
= eine Last an einem Ort [3] .... und an einem anderen Ort wieder [4] ....

3 Der Turmdrehkran. Schreiben Sie die Wörter richtig. Hilfe finden Sie im Lernwortschatz.

1 der Kranturm (turmKran)
2 der .... (kranzDreh)
auch: das .... (werkDreh)
3 der .... (legerAus)
4 die .... (katzeLauf)
5 der .... (auslegerGegen)
6 die .... (kabineKran)

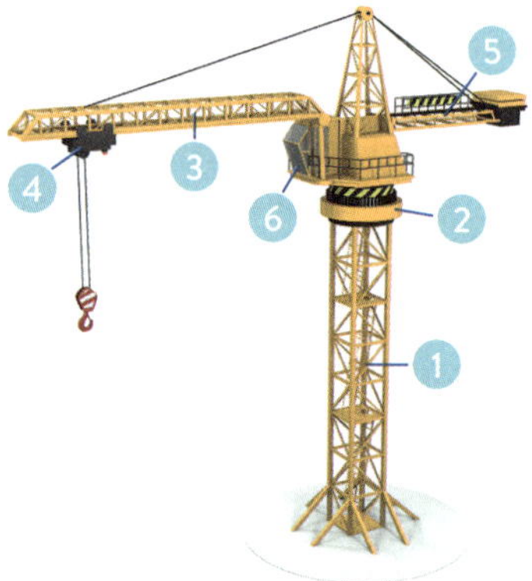

4 a Hören Sie und verbinden Sie dann.

1 untendrehender Turmdrehkran (Untendreher)

2 obendrehender Turmdrehkran (Obendreher)

A Drehkranz befindet sich am Ausleger, Ausleger und Gegenausleger drehen sich

B Drehkranz befindet sich auf dem Unterwagen, der ganze Kranturm ist drehbar

b Was ist richtig? Kreuzen Sie an.

Der Turmdrehkran auf dem Bild in Aufgabe 3 ist ein ○ Obendreher ○ Untendreher.

5 Was passt nicht? Streichen Sie.

1 der Obendreher – der Untendreher – der Turmdrehkran – ~~der Gegenausleger~~
2 bewegen – betreiben – verladen – absetzen
3 die Laufkatze – das Drehwerk – die Verladung – die Krankabine
4 ideal – horizontal – vertikal

6 Lesen Sie und ergänzen Sie die Wörter.

Ausleger | Baumaterial | Bewegungen | ~~Krane~~ | Kranführerin | Krankabine | Verladung

Kranführer/in – Arbeiten knapp unter den Wolken

Auch in dieser Woche stellen wir Ihnen einen Beruf vor. Dieses Mal einen, bei dem man keine Höhenangst haben darf: Kranführer/in. Als Kranführer/in steuert man [1] Krane. In manchen Kranen sitzt man dabei ganz oben in der [2] ______. Von dort aus bewegt man zum Beispiel [3] ______ von einem Ort zum anderen. Damit die [4] ______ richtig klappt, muss man vorsichtig und genau arbeiten. Soraja Ranis ist [5] ______ und hat uns erzählt, was sie an ihrem Beruf besonders mag: „Ich finde es toll, den ganzen Tag hoch oben zu arbeiten. Ich muss mich immer sehr konzentrieren, damit alle [6] ______ mit dem Kran klappen. Wenn ich den [7] ______ vor mir horizontal drehe, kann ich die ganze Stadt sehen. Das ist einfach schön.“

7 Was für Krane gibt es noch? Recherchieren Sie und machen Sie eine Liste.

Lernwortschatz

absetzen, hat abgesetzt ______
aufnehmen, hat aufgenommen ______
der Ausleger, – ______
das Baumaterial, -ien ______
betreiben, hat betrieben ______
bewegen, hat bewegt ______
die Bewegung, -en ______
drehbar ______
sich drehen, hat sich gedreht ______
der Drehkranz, ¨-e ______
das Drehwerk, -e ______
der Gegenausleger, – ______
horizontal ______
der Kran, -e / ¨-e ______
der Kranführer, – / die Kranführerin, -nen ______
die Krankabine, -n ______
der Kranturm, ¨-e ______
die Laufkatze, -n ______
der Motor, -en ______
obendrehend ______
der Obendreher, – ______
der Turmdrehkran, -e / ¨-e ______
untendrehend ______
der Untendreher, – ______
verladen, hat verladen ______
die Verladung, -en ______
vertikal ______

8 Mauern und Wände

1 a Hören Sie und ergänzen Sie dann.

Betonmauern | mauern | ~~Mauern~~ | Mauersteine | Mörtel

Jedes Gebäude hat [1] Mauern. Zum Bauen von Mauern braucht man meistens zwei Bestandteile: [2] .... und [3] ...., mit dem man die Steine verbindet. Es gibt aber auch Mauern aus anderem Material, zum Beispiel [4] .... Ein Handwerker, der Mauern herstellt, heißt Maurer. Er weiß genau, wie man [5] .... muss, damit eine sichere Mauer entsteht.

b Welches Wort aus a passt? Beschriften Sie die Bilder.

1 die Mauer

2 die ....

3 der ....

4 der ....

2 Schreiben Sie die Wörter richtig.

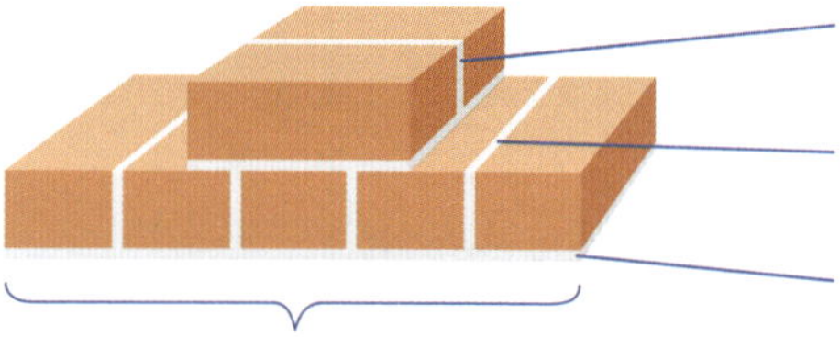

2 die .... (fugeLängs)

3 die .... (gefuStoß)

4 die .... (gefuLager)

1 die Lage (geLa)

3 Bilden Sie Wörter mit *-wand* und ergänzen Sie.

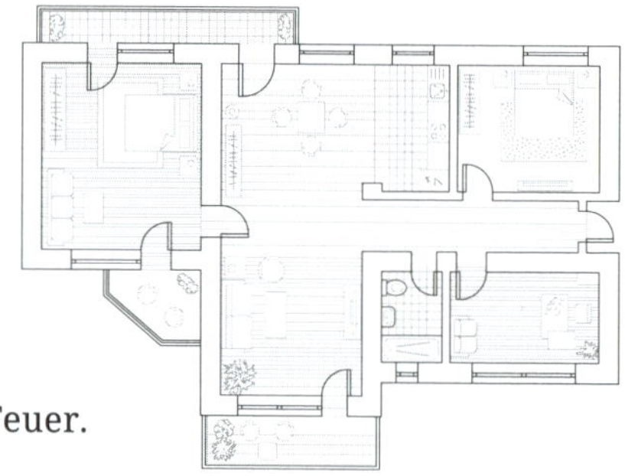

Außen- | Brand- | Innen- | ~~Trenn-~~

1 Die Trennwand trennt verschiedene Bereiche in einem Gebäude voneinander.
2 Die .... trennt draußen von drinnen.
3 Die .... steht im Gebäude.
4 Die .... verhindert die Ausbreitung von Feuer.

4 Welche Erklärung passt? Lesen Sie und verbinden Sie.

1 nichttragende Wand

2 tragende Wand

A eine Wand, die das Gewicht von anderen Bauteilen (z. B. Decken und Dächern) trägt. Sie kann die Belastungen von diesen Bauteilen aufnehmen und ableiten. Dadurch macht sie das Gebäude stabil: Sie gewährleistet die Standsicherheit des Gebäudes.

B eine Wand, die nur ihr eigenes Gewicht trägt. Sie ist für die Standsicherheit des Gebäudes nicht nötig.

5 Was passt? Verbinden Sie.

1 eine Wand — C
2 Belastungen
3 Standsicherheit
4 die Ausbreitung von Feuer

A aufnehmen und ableiten
B verhindern
C mauern
D gewährleisten

6 Welches Wort passt? Kreuzen Sie an.

1 Zum Mauern braucht man Mauersteine und ☒ Mörtel. ○ Längsfugen.
2 Die Steine werden in ○ Fugen ○ Lagen aufgebaut.
3 Trennwände ○ trennen ○ gewährleisten unterschiedliche Bereiche in einem Haus.
4 Diese Mauer wurde schon 1820 ○ abgeleitet. ○ errichtet.
5 Tragende Wände sind für die ○ Standsicherheit ○ Ausbreitung des Gebäudes wichtig.

7 Welche Eigenschaften haben tragende und nichttragende Wände? Recherchieren Sie und ergänzen Sie die Tabelle.

	tragende Wände	nichttragende Wände
die Position	Außenwand	
das Material		
die Dicke		

8 Sehen Sie das Bild neben Übung 3 an und vermuten Sie: Welche Wände sind für die Standsicherheit nötig? Markieren Sie tragende Wände rot und nichttragende Wände grün.

Lernwortschatz

ableiten, hat abgeleitet ....
die Ausbreitung, -en ....
die Außenwand, ⸚e ....
die Belastung, -en ....
die Betonmauer, -n ....
die Brandwand, ⸚e ....
die Dicke, -n ....
errichten, hat errichtet ....
das Feuer (Sg.) ....
gewährleisten, hat gewährleistet ....
....
die Innenwand, ⸚e ....
die Lage, -n ....

die Lagerfuge, -n ....
die Längsfuge, -n ....
die Mauer, -n ....
mauern, hat gemauert ....
der Mauerstein, -e ....
der Mörtel, – ....
nichttragend ....
die Standsicherheit, -en ....
die Stoßfuge, -n ....
tragend ....
die Trennwand, ⸚e ....
verhindern, hat verhindert ....
die Wand, ⸚e ....

9 Baustoffe und Werkzeuge zum Mauern

1 a **Hören Sie. Bilden Sie dann Wörter und ergänzen Sie.**

brannt | brannt | ge | ge | ~~künst~~ | ~~lich~~ | lich | na | tür | un

Mauersteine
- [1] ....
- [2] künstlich
  - [3] ....
  - [4] ....

b **Werden die folgenden Baustoffe für natürliche (1) oder künstliche Mauersteine (2) verwendet? Hören Sie noch einmal und ergänzen Sie 1 oder 2.**

A 2 Ton

B ...... Kalkstein

C ...... Sandstein

D ...... Lehm

2 **Ergänzen Sie.**

Bindemittel | Mörtel | Mörtelkübel | ~~Sand~~

Wasser, [1] Sand und [2] .... wie zum Beispiel Kalk oder Zement – das sind die Stoffe, aus denen [3] .... zum Mauern besteht. Kleine Mengen an Mörtel werden meistens in einem [4] .... hergestellt.

der Mörtelkübel

3 **Welches Werkzeug passt? Ergänzen Sie auf der nächsten Seite.**

der Maurerhammer

die Wasserwaage

die Maurerkelle

der Zollstock

die Glättkelle

das Senklot

die Fugenkelle

1 die Maurerkelle : Werkzeug, mit dem man Mörtel auftragen und verteilen kann
2 .... : ein Werkzeug zum Prüfen, ob ein Objekt oder Bauteil gerade steht, und zwar waagerecht (horizontal) oder senkrecht (vertikal)
3 .... : ein Werkzeug, das man zum Messen von Längen benutzt
4 .... : ein Werkzeug, mit dem man die Fugen zwischen den Mauersteinen mit Mörtel füllt
5 .... : ein Werkzeug, mit dem man Steine in eine bestimmte Form schlagen kann
6 .... : ein Werkzeug, mit dem man überprüfen kann, ob eine Mauer genau senkrecht steht
7 .... : ein Werkzeug, mit dem man Material auf eine Wand auftragen und dann glattstreichen kann

4 Finden Sie Komposita. Notieren Sie auch die Artikel.

1 Fugen	A mittel	....
2 Mörtel	B zeug	....
3 Binde	C stoff	....
4 Senk	D kelle	die Fugenkelle
5 Bau	E kübel	....
6 Werk	F lot	....

5 Erklären Sie einer Freundin / einem Freund, welche Arten von Mauersteinen es gibt.

Lernwortschatz

der Baustoff, -e ....
das Bindemittel, – ....
die Fugenkelle, -n ....
gebrannt ....
die Glättkelle, -n ....
herstellen, hat hergestellt ....
der Kalkstein, -e ....
künstlich ....
der Lehm, -e ....
der Maurerhammer, ¨ ....
die Maurerkelle, -n ....
der Mörtelkübel, – ....
natürlich ....
der Sand, -e / ¨-e ....
der Sandstein, -e ....
das Senklot, -e ....
senkrecht ....
der Ton, -e ....
ungebrannt ....
waagerecht / waagrecht ....
die Wasserwaage, -n ....
das Werkzeug, -e ....
der Zollstock, ¨-e ....

10 Beton herstellen

1 a Lesen Sie und ergänzen Sie.

www.bau-gut-mit-beton.de

Was ist eigentlich Beton?

Beton ist ein wichtiger Baustoff, der bei jedem Straßen- und Hausbau verwendet wird. Aber was ist Beton eigentlich? Wir erklären es!

Für die Herstellung von Beton braucht man Wasser, Gesteinskörnungen und Zement. Gesteinskörnungen bestehen zum Beispiel aus Sand oder Kies. Zement ist ein Baustoff, der vor allem aus Kalkstein und Ton hergestellt wird. Manchmal werden noch Zusatzstoffe hinzugefügt.

Aber nicht jeder Beton ist gleich: Die Eigenschaften von Beton sind verschieden, je nachdem, in welchem Verhältnis man die Baustoffe mischt. Verwendet man z. B. mehr Zement, wird der Beton härter.

Gesteinskörnungen

Beton = Wasser + [1] Gesteinskörnung (Sand oder [2] ....) + [3] .... (Kalkstein und [4] ....) + eventuell [5] ....

b Richtig oder falsch? Lesen Sie noch einmal und kreuzen Sie an.

		richtig	falsch
1	Beton wird am Bau häufig verwendet.	☒	○
2	Es gibt nur ein Rezept für die Herstellung von Beton.	○	○
3	Die Baustoffe können in unterschiedlicher Menge gemischt werden.	○	○
4	Je nach Mischung hat der Beton besondere Eigenschaften.	○	○

2 Bringen Sie die Absätze in die richtige Reihenfolge.

1 Bei der Herstellung von Beton gibt man die benötigten Baustoffe nacheinander in den Mischer. Wenn alles gut gemischt ist, entsteht Frischbeton.

..... Auf der Baustelle wird der Beton in die Schalung und die Bewehrung eingebracht. Wenn möglich, lädt das Mischerfahrzeug den Beton direkt in die Schalung ab. Ansonsten pumpt man den Beton mithilfe einer speziellen Pumpe in die Schalung.

.... Der fertig gemischte Beton wird mit einem Mischerfahrzeug zur Baustelle transportiert. Damit die Qualität des Frischbetons nicht schlechter wird, muss man verschiedene Regeln einhalten. Der Transport darf z. B. nicht zu lange dauern.

.... Nach dem Einbringen und dem Verteilen wird der Beton mit einem Rüttler verdichtet, damit die Luft aus dem Beton verschwindet. Danach erhärtet der Beton. Man spricht dann von Festbeton.

3 **Ergänzen Sie die Nomen mit Artikeln.**

1 betonieren – der Beton
2 rütteln – ....
3 mischen – ....
4 pumpen – ....

4 **Bilden Sie Wörter und ergänzen Sie. Notieren Sie auch die Artikel.**

Beweh fahr Gesteins kör ~~lung~~ ment Mi Mi nung pe Pum rung ~~Scha~~ scher scher ser Was Ze zeug

1 Dort fließt der Frischbeton hinein:
(a) die Schalung und (b) ....
2 Dort fließt der Frischbeton heraus:
........, ... und ....
3 Daraus besteht Beton vor allem:
........, ... und ....

5 **Wie lange dauert es, bis Frischbeton zu Festbeton erhärtet? Wovon ist die Dauer abhängig? Recherchieren Sie und machen Sie Notizen.**

Lernwortschatz

der Beton, -s ....
betonieren, hat betoniert ....
die Bewehrung, -en ....
einbringen, hat eingebracht ....
erhärten, ist erhärtet ....
der Festbeton (Sg.) ....
der Frischbeton (Sg.) ....
die Gesteinskörnung, -en ....
die Herstellung (Sg.) ....
der Kies, -e ....
mischen, hat gemischt ....
der Mischer, – ....
das Mischerfahrzeug, -e ....
das Mischungsverhältnis, -se ....
die Pumpe, -n ....
pumpen, hat gepumpt ....
rütteln, hat gerüttelt ....
der Rüttler, – ....
die Schalung, -en ....
verdichten, hat verdichtet ....
der Zement, -e ....
der Zusatzstoff, -e ....

11 Dächer

1 **Schreiben Sie die Wörter richtig. Hilfe finden Sie im Lernwortschatz.**

2 der .... (steinSchorn)

1 das .... (hDca)

8 die .... (Reringenne)

3 der .... (rstFi)

4 die .... (beGau)

5 der .... (belGie)

6 die .... (feTrau)

7 das .... (rohrFall)

2 **Wie heißt welches Dach? Beschriften Sie die Bilder.**

1 ....

2 ....

das Flachdach (→)

das geneigte Dach (↘)

3 a **Welche Wörter hören Sie? Kreuzen Sie an.**

1 ○ die Dachdeckung
2 ○ das Deckungsmaterial
3 ○ der Giebel
4 ○ der Dachziegel
5 ○ der First
6 ○ der Dachdecker
7 ○ der Betondachstein
8 ○ der Schiefer

b **Hören Sie noch einmal: Wie sind die Dächer gedeckt? Ergänzen Sie die drei Deckungsmaterialien aus a. Notieren Sie auch die Artikel.**

1 ....

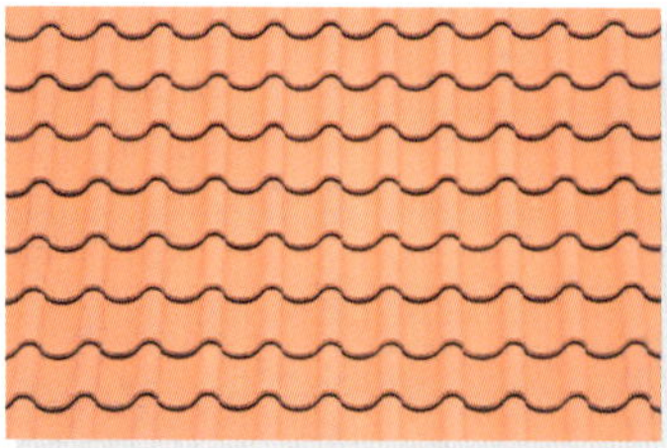

2 ....

3 ....

4 Ordnen Sie zu.

A die Dachlattung
B die Unterspannbahn
C die Dachabdichtung
D die Dachschalung
E der Dachdecker-hammer

1 ...... lässt kein Wasser durch und schützt das Dach vor Regen. Sie ist bei Flachdächern sehr wichtig.
2 ...... ist eine Unterkonstruktion am Dach, meist aus Holzbrettern.
3 ...... ist eine Unterkonstruktion aus Holzlatten am Dach. Auf ihr liegen die Dachziegel.
4 ...... ist ein zusätzlicher Schutz gegen Regen. Sie liegt unter den Dachziegeln.
5 ...... ist ein Werkzeug, das Dachdecker zum Arbeiten brauchen (zum Beispiel, wenn sie das Dach decken).

5 Was passt nicht? Streichen Sie.

1 das Deckungsmaterial: der Betondachstein – der First – der Dachziegel
2 die Teile vom Dach: der Giebel – die Traufe – der Schiefer – die Gaube
3 die Unterkonstruktion: die Dachdeckung – die Dachschalung – die Dachlattung

6 Bilden Sie Komposita. Notieren Sie auch die Artikel.

1 flach + das Dach = ...
2 der Regen + die Rinne = ...
3 fallen + das Rohr = ...
4 der Dachdecker + der Hammer = ...

7 Zeichnen Sie den Dachaufbau und beschriften Sie ihn.

Lernwortschatz

der Betondachstein, -e ....
das Dach, ¨-er ....
die Dachabdichtung, -en ....
der Dachdeckerhammer, ¨ ....
die Dachdeckung, -en ....
die Dachlattung, -en ....
die Dachschalung, -en ....
der Dachziegel, – ....
decken, hat gedeckt ....
das Deckungsmaterial, -ien ....
das Fallrohr, -e ....
der First, -e ....
das Flachdach, ¨-er ....
die Gaube, -n ....
geneigt ....
der Giebel, – ....
die Regenrinne, -n ....
der Schiefer, – ....
der Schornstein, -e ....
die Traufe, -n ....
die Unterkonstruktion, -en ....

12 Fassaden

1 Welches Wort passt? Hören Sie und kreuzen Sie an.

www.fassaden-schoen-gestalten.de

VORLESEN

Sie möchten die Fassade Ihres Hauses [1] ○ haften ○ verputzen oder neu [2] ○ gestalten ○ reiben lassen? Sie brauchen Beratung zu gutem [3] ○ Putzmörtel? ○ Witterungsschutz? Egal ob [4] ○ Putz ○ Spachtel oder eine andere [5] ○ Gestaltung ○ Putzkelle – wir sind die richtigen Partner, wenn es um Ihre [6] ○ Fassade ○ Putzweise geht. Wir sind für Sie da! Kontaktieren Sie uns und machen Sie einen Termin mit einem unserer [7] ○ Fassadenbauer. ○ Untergründe.

2 Welcher Begriff passt zu welchem Bild? Suchen Sie im Internet und ordnen Sie zu.

die Putzkelle | der Putzmörtel | das Reibebrett | der Spachtel

1 ....

2 ....

3 ....

4 ....

3 Welche Eigenschaften muss der Untergrund haben? Hören Sie und kreuzen Sie an.

Der Untergrund

- ○ muss sauber sein.
- ○ muss trocken sein.
- ○ muss eben sein.
- ○ kann Risse haben.
- ○ muss tragfähig sein.
- ○ muss haftfähig sein.

4 Welche Beschreibung passt? Verbinden Sie.

1 der Oberputz

2 der Unterputz

A eher weiches Material, dick aufgetragen, Aussehen egal

B eher hartes Material, dünn aufgetragen, Aussehen wichtig

5 Wie heißen die Putzweisen? Bilden Sie Nomen aus den markierten Wörtern.

Beim Verputzen unterscheidet man verschiedene Putzweisen:
1 der Kratzputz: Der Putz wird aufgetragen und mit einem Nagelbrett gekratzt, wenn er schon etwas hart ist.
2 ....: Der Putz wird aufgetragen und dann mit einem speziellen Werkzeug geglättet.
3 ....: Der Putz wird meistens mit Maschinen in dünnen Schichten auf die Fassade gespritzt.
4 ....: Der Putz wird aufgetragen und dann mit einem Reibebrett gerieben.

den Putz reiben

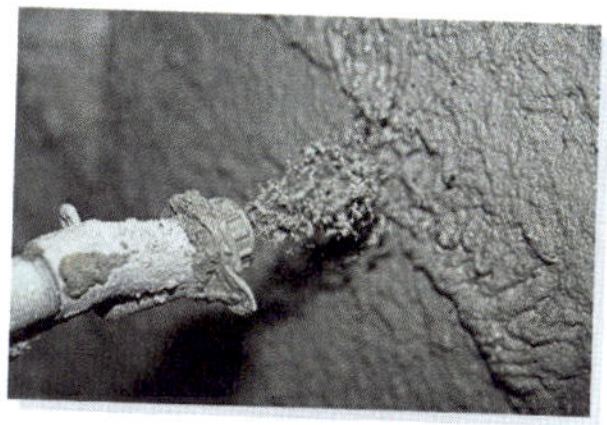
den Putz spritzen

6 Was passt nicht? Streichen Sie.

1 die Putzweise: der Glättputz – der Unterputz – der Kratzputz
2 die Fassade: gestalten – verputzen – auftragen
3 die Werkzeuge: der Putzmörtel – die Putzkelle – das Reibebrett
4 der Untergrund: tragfähig – ohne Risse – mit Spachtel

7 Welche Putzweisen gibt es noch? Recherchieren Sie und machen Sie eine Liste.

Putzweisen:
– der Waschputz

Lernwortschatz

auftragen, hat aufgetragen ....
eben ....
die Fassade, -n ....
der Fassadenbauer, – / die Fassadenbauerin, -nen ....
gestalten, hat gestaltet ....
die Gestaltung, -en ....
glätten, hat geglättet ....
der Glättputz (Sg.) ....
haften, hat gehaftet ....
haftfähig ....
kratzen, hat gekratzt ....
der Kratzputz (Sg.) ....
der Oberputz (Sg.) ....
der Putz (Sg.) ....
die Putzkelle, -n ....
der Putzmörtel, – ....
die Putzweise, -n ....
das Reibebrett, -er ....
reiben, hat gerieben ....
der Reibeputz (Sg.) ....
der Riss, -e ....
der Spachtel, – ....
spritzen, hat gespritzt ....
der Spritzputz (Sg.) ....
tragfähig ....
der Untergrund, ¨-e ....
der Unterputz (Sg.) ....
verputzen, hat verputzt ....
der Witterungsschutz (Sg.) ....

13 Tiefbau

1 Ergänzen Sie.

Kanalbau | unterhalb | Tiefbau | Tiefbauer

der [1] ______: Teilgebiet im Bauwesen.
Er beschäftigt sich mit dem Bauen an oder [2] ______
der Geländeoberfläche. Der [3] ______ gehört zum Beispiel zum Tiefbau.
Personen, die im Tiefbau arbeiten, nennt man [4] ______ und Tiefbauerinnen.

2 Beschriften Sie die Bilder.

1 ______

2 ______

3 ______

4 ______

5 ______

6 ______

- der Brückenbau
- der Erdbau
- der Kanalbau
- der Straßenbau
- der Tunnelbau
- der Wegebau

3 Was passt? Hören Sie den Radiobeitrag und verbinden Sie dann.

1 ein Grundstück	A verlegen
2 als Baugrund	B erstellen
3 Boden	C bauen
4 Kanäle	D erschließen
5 Leitungen	E nutzen
6 das Fundament	F abtragen

4 a Welches Bild passt? Ordnen Sie zu.

1 ____ Sie möchten ein Fundament erstellen und müssen dafür Boden abtragen? Wansag-Bau erledigt Ihren Auftrag schnell und gut. Gleich Angebot anfordern!

2 ____ Sie möchten ein Haus bauen und brauchen eine Firma, die Ihren Boden verdichtet? Mit unseren leistungsstarken Rüttlern führen wir diese Arbeiten für Sie durch – schnell und gründlich! Informieren Sie sich auf www.sos-boden.de.

A

B

b **Welches Wort hat eine ähnliche Bedeutung: *abtragen* oder *verdichten*? Ergänzen Sie.**

Boden von einem Ort zu einem anderen bewegen = Boden ....

5 **Bilden Sie Komposita. Notieren Sie auch die Artikel.**

1 der Tunnel + der Bau = ...
2 der Kanal + der Bau = ...
3 der Bau + der Grund = ...
4 der Grund + das Stück = ...

6 **Bilden Sie Wörter und ergänzen Sie.**

bau | bau | Brü | cken | er | er | schlie | ßen | Tief

◆ Was bist du von Beruf?
○ Ich habe eine Ausbildung zum [1] .... gemacht und arbeite seit zehn Jahren im [2] ....
◆ Das ist ja spannend.
○ Ja. Der Beruf macht viel Spaß. Mit Brücken kann man Bereiche [3] ...., die bisher voneinander getrennt waren. Das ist vor allem praktisch für den Verkehr.

7 **Ergänzen Sie. Notieren Sie bei den Nomen auch die Artikel.**

1 erschließen – ....
2 .... – die Erstellung
3 verlegen – ....
4 .... – die Abtragung

8 **Haben Sie Berufserfahrung in einem Teilgebiet des Tiefbaus oder möchten Sie in einem Teilgebiet gern Berufserfahrungen sammeln? In welchem? Machen Sie Notizen.**

Lernwortschatz

abtragen, hat abgetragen ....
die Abtragung, -en ....
der Baugrund, ¨-e ....
der Boden, ¨ ....
der Brückenbau (Sg.) ....
der Erdbau (Sg.) ....
erschließen, hat erschlossen ....
die Erschließung, -en ....
erstellen, hat erstellt ....
die Erstellung, -en ....
das Fundament, -e ....
das Grundstück, -e ....
der Kanal, ¨-e ....
der Kanalbau (Sg.) ....
die Leitung, -en ....
der Straßenbau (Sg.) ....
der Tiefbau (Sg.) ....
der Tiefbauer, – / die Tiefbauerin, -nen ....
der Tunnelbau (Sg.) ....
unterhalb ....
verlegen, hat verlegt ....
die Verlegung, -en ....
der Wegebau (Sg.) ....

14 Straßen und Wege bauen

1 Beschriften Sie die Bilder.

die Autobahn | der Gehweg | die Parkfläche | die Straße

1 ....

2 ....

3 ....

4 ....

2 Welche Tätigkeit passt nicht zum Beruf *Straßenbauerin / Straßenbauer*? Streichen Sie.

Straßenbauer/in:
Straßen bauen – Parkflächen herstellen – Dächer decken – Wege instand halten (= reparieren, pflegen)

3 a Hören Sie und ordnen Sie dann zu.

der Oberbau | das Planum | der Unterbau | der Untergrund

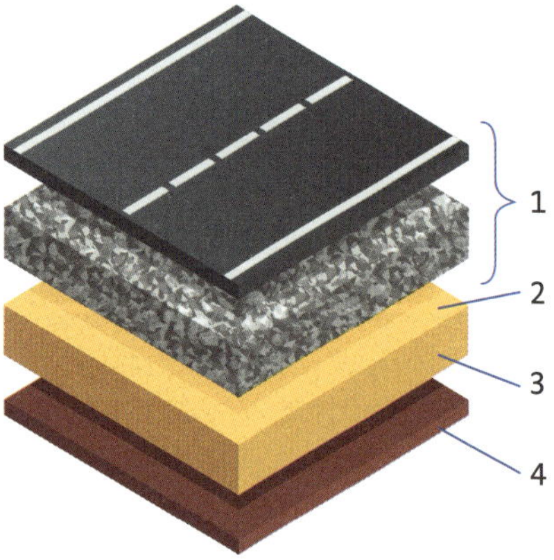

1 ....
2 ....
3 ....
4 ....

b Was passt? Hören Sie noch einmal und verbinden Sie dann.

1 der Untergrund
2 der Unterbau
3 der Oberbau

A die mittlere Schicht der Straße: ein Wall aus Erde, der künstlich aufgeschüttet wurde
B die obere Schicht der Straße: Fahrbahndecke, Frostschutzschicht und verschiedene Tragschichten aus unterschiedlichen Materialien (zum Beispiel Schotter und Asphalt)
C die untere Schicht der Straße: natürlicher Boden aus Erde

4 Schreiben Sie die Wörter richtig. Hilfe finden Sie im Lernwortschatz.

Bauen und Handwerken

bob20 Hey Leute, kann mir jemand erklären, warum man eine [1] .... (schichtschutzFrost) braucht?

sinaL87 Na klar! Diese Schicht ist die unterste [2] .... (schichtTrag) des Oberbaus und besteht meistens aus Kies oder [3] .... (terSchot). Sie ist wichtig, um die Straße im Winter vor einem [4] .... (denschaFrost) zu schützen. Das tut sie, indem sie [5] .... (lässigdurchwasser) ist und Wasser schnell ableiten kann.

5 Verbinden Sie.

1 die Fahrbahn	A schicht
2 die Trag	B schaden
3 der Frost	C bau
4 der Ober	D decke

6 Was passt nicht? Streichen Sie.

1 das Planum – der Untergrund – der Gehweg – der Unterbau
2 der Kies – der Wall – der Schotter – der Asphalt
3 die Schicht – die Autobahn – die Parkfläche – die Straße

7 Recherchieren Sie, aus welchen Schichten eine Autobahn besteht. Machen Sie Notizen und eine Skizze.

Autobahn-Schichten
1. die Fahrbahndecke
2. ...

Lernwortschatz

der Asphalt, -e ....
aufschütten, hat aufgeschüttet ....
die Autobahn, -en ....
die Fahrbahndecke, -n ....
der Frostschaden, ¨- ....
die Frostschutzschicht, -en ....
der Gehweg, -e ....
instand halten, hat instand gehalten ....
....
der Oberbau, -ten ....
die Parkfläche, -n ....
das Planum (Sg.) ....
die Schicht, -en ....
der Schotter, – ....
die Tragschicht, -en ....
der Unterbau, -ten ....
der Wall, ¨-e ....
wasserdurchlässig ....

15 Maschinen und Fahrzeuge im Straßenbau

1 Sehen Sie die Bilder an und beschriften Sie dann.

der Radlader

der Bagger

der Lastkraftwagen (Lkw)

die Walze

die Rüttelplatte

die Planierraupe

1 ....

2 ....

3 ....

4 ....

Gleichartige Arbeiten auf großen Flächen ausführen – Maschinen machen die Arbeit im Straßenbau leichter.

2 Was können die Maschinen und Fahrzeuge? Hören Sie und streichen Sie die falsche Antwort.

1 die Planierraupe: Erde lösen – Baulöcher ausheben – Erde transportieren – Erde vor sich herschieben
2 der Bagger: Erde lösen – Güter transportieren – Baulöcher ausheben und verfüllen – Erde vor sich herschieben
3 der Radlader: Material mit der Schaufel bewegen – Baulöcher ausheben – Güter laden – Güter transportieren

3 Schreiben Sie die Wörter richtig. Hilfe finden Sie im Lernwortschatz.

[1] .... (zeWal) und [2] .... (plattetelRüt) sind
[3] .... (maschinenVerdichtungs),
die man im Straßenbau zum Glätten und Verdichten des Bodens braucht.
Damit kann man eine [4] .... (chefläOber) [5] .... (genferti),
die glatt und [6] .... (barfahrbe) ist.

4 Was passt? Verbinden Sie.

1	gleichartige Arbeiten	A	ausheben
2	Güter	B	fertigen
3	Baulöcher	C	lösen
4	Erde	D	ausführen
5	eine befahrbare Oberfläche	E	transportieren

5 Lösen Sie das Rätsel und finden Sie das Lösungswort.

1 Damit kann man Güter weite Strecken transportieren:
der L ☐☐☐☐☐☐☐☐☐☐☐☐☐

2 Damit kann man den Boden glätten und verdichten: die W ☐☐☐☐

3 Dieses Material wird auf Baustellen oft bewegt: die E ☐☐☐

4 Das ist ein Teil vom Radlader: die S ☐☐☐☐☐☐☐

5 Damit kann man Baulöcher ausheben und verfüllen: der B ☐☐☐☐☐

6 Walze und Rüttelplatte gehören zu den
V ☐☐☐☐☐☐☐☐☐☐☐☐☐☐☐☐☐☐☐☐

7 Dieses Fahrzeug kann Erde vor sich herschieben: die P ☐☐☐☐☐☐☐☐☐☐☐

Lösungswort: der ....

6 Welche Maschinen und Fahrzeuge werden im Straßenbau noch verwendet? Recherchieren Sie und machen Sie eine Liste.

Maschinen im Straßenbau:

Lernwortschatz

ausführen, hat ausgeführt ....
ausheben, hat ausgehoben ....
der Bagger, – ....
das Bauloch, ¨-er ....
befahrbar ....
die Erde, -n ....
das Fahrzeug, -e ....
fertigen, hat gefertigt ....
gleichartig ....
das Gut, ¨-er ....
der Lastkraftwagen, – ....
der Lkw, -s / – ....
lösen, hat gelöst ....
die Maschine, -n ....
die Oberfläche, -n ....
die Planierraupe, -n ....
der Radlader, – ....
die Rüttelplatte, -n ....
die Schaufel, -n ....
transportieren, hat transportiert ....
die Verdichtungsmaschine, -n ....
verfüllen, hat verfüllt ....
verwenden, hat verwendet ....
die Walze, -n ....

16 Bagger

1 **Ergänzen Sie.**

der Raupenbagger

der Schwimmbagger

der Radbagger

der Schreitbagger

1 Ein .... ist ein Bagger, mit dem man auf dem Wasser und im Wasser bauen kann.
2 Ein .... ist ein Bagger, der Räder hat (mit Allradantrieb).
3 Ein .... ist ein Bagger, der auf Ketten läuft und zwei Kettenlaufwerke hat. Ein Fahrzeug mit Ketten nennt man auch Kettenfahrzeug.
4 Ein .... ist ein Bagger, der vier „Beine“ hat. Er ist geländegängig, das heißt, er kann sich auch in schwierigem Gelände fortbewegen.

2 **Ergänzen Sie.**

ausbaggern | Ausrüstung | Hafen | Flussmündung | Meeresbucht | Schwimmbagger

Wissen rund um Bagger & Co.

BennoP Hey Leute, wisst ihr, was ein [1] .... ist?

Sanaa Ja klar! Das ist ein Bagger, der schwimmen kann. Er hat eine spezielle [2] .... und kann damit im Wasser arbeiten, zum Beispiel an einem [3] .... wie in Hamburg. Er kann eine [4] .... an Flüssen [5] .... oder am Meer eine [6] .... Noch Fragen?

Hamburger Hafen

Flussmündung

Meeresbucht

3 Beschriften Sie die Abbildung. Hören Sie dann und vergleichen Sie.

die Kette
das Kettenlaufwerk
der Löffel

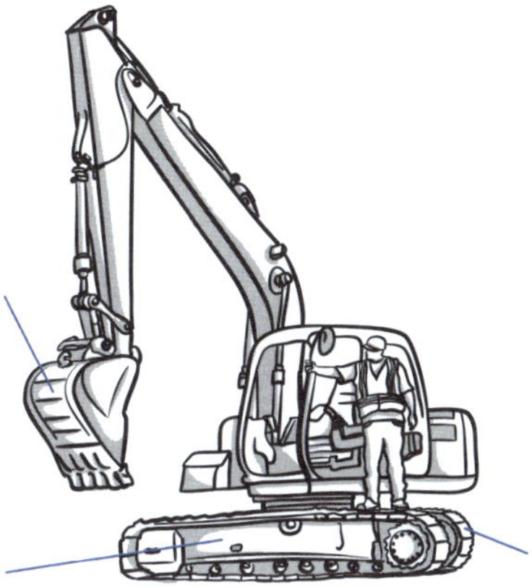

1 ....

2 ....

3 ....

4 Bilden Sie Komposita. Notieren Sie auch die Artikel.

1 das Rad + der Bagger = ...
2 der Fluss + die Mündung = ...
3 schreiten + der Bagger = ...
4 schwimmen + der Bagger = ...
5 das Meer + es + die Bucht = ...

5 Was passt zusammen? Verbinden Sie.

1 geländegängig	A der Raupenbagger
2 mit Rädern	B der Schwimmbagger
3 auf Ketten	C der Schreitbagger
4 im Wasser	D der Radbagger

6 Recherchieren Sie: Wofür braucht man einen Allradantrieb? Machen Sie Notizen.

Lernwortschatz

der Allradantrieb, -e ....
ausbaggern, hat ausgebaggert ....
....
die Ausrüstung, -en ....
die Flussmündung, -en ....
sich fortbewegen, hat sich fortbewegt ....
....
das Gelände, – ....
geländegängig ....
der Hafen, ¨ ....
die Kette, -n ....
das Kettenfahrzeug, -e ....
das Kettenlaufwerk, -e ....
der Löffel, – ....
die Meeresbucht, -en ....
das Rad, ¨er ....
der Radbagger, – ....
der Raupenbagger, – ....
der Schreitbagger, – ....
der Schwimmbagger, – ....

17 Lastkraftwagen

1 Ergänzen Sie.

Laster | Lastkraftwagen | Lkw

der Lastzug

der Sattelzug

Der [1] .... ist ein Fahrzeug, mit dem man viele und schwere Güter befördern kann. Man nennt ihn auch abgekürzt [2] .... oder umgangssprachlich [3] .... Es gibt mehrere Typen, zum Beispiel den Lastzug und den Sattelzug.

2 a Hören Sie und ergänzen Sie dann.

der Anhänger | die Zugmaschine

1 der Lastzug = der Lastkraftwagen + ...

2 der Sattelzug = ... + der Sattelauflieger

b Welches Wort passt? Beschriften Sie die Bilder mit Wörtern aus a. Notieren Sie auch die Artikel.

1 ....

2 ....

3 ....

3 Welches Wort ist richtig? Umkreisen Sie.

1 der Ort, an dem die Lkw-Fahrerin / der Lkw-Fahrer sitzt:
der Führerschein – das Führerhaus – das Hochhaus

2 der Teil des Lastkraftwagens, an dem die Räder befestigt sind:
die Kette – die Achse – der Laster

4 a **Ergänzen Sie.**

Container-Lkw | Kippsattelzug | Transporter

1 Ein .... ist ein kleiner Lkw bis 3,5 Tonnen Gewicht. Man kann ihn mit einem normalen Pkw-Führerschein fahren.
2 Ein .... hat auf der Zugmaschine einen befestigten Container, in dem man Güter transportieren kann.
3 Ein .... besteht aus einer Zugmaschine und einer Kippbrücke. Er ist gut geeignet zum Transport von Kies oder Steinen. Diese Güter können auf der Baustelle schnell abgekippt werden.

b **Ordnen Sie die Nummern aus a zu.**

A  ....

B  ....

C  ....

5 **Was passt zusammen? Verbinden Sie.**

1 das Gewicht
2 der Lastkraftwagen
3 der Sattelzug
4 der Lastzug
5 der Kippsattelzug
6 das Führerhaus

A der Sattelauflieger
B der Laster
C die Kippbrücke
D der Lkw-Fahrer
E die Tonne
F der Anhänger

6 **Erklären Sie den Unterschied zwischen einem *Lastzug* und einem *Sattelzug*.**

Lernwortschatz

abkippen, hat abgekippt ....
die Achse, -n ....
der Anhänger, – ....
befestigen, hat befestigt ....
befördern, hat befördert ....
der Container, – ....
der Container-Lkw, -s / – ....
das Führerhaus, ¨-er ....
der Führerschein, -e ....
das Gewicht, -e ....
die Kippbrücke, -n ....
der Kippsattelzug, ¨-e ....
der Laster, – ....
der Lastkraftwagen, – ....
der Lastzug, ¨-e ....
der Lkw, -s / – ....
der Lkw-Fahrer, – / die Lkw-Fahrerin, -nen ....
der Sattelauflieger, – ....
der Sattelzug, ¨-e ....
die Tonne, -n ....
der Transporter, – ....
die Zugmaschine, -n ....

18 Baustoffe für Straßen und Wege

1 **Ergänzen Sie.**

die Schotterstraße

die Asphaltstraße

die Betonstraße

1 ………………………: Die meisten Straßendecken werden aus Asphalt gebaut. Asphalt ist ein flexibles Material, das viel Gewicht aushalten kann.

2 ………………………: Straßen baut man dann aus Beton, wenn sie eine hohe Belastung haben (zum Beispiel Autobahnen, auf denen Lkws fahren).

3 ………………………: Manche Straßen bestehen aus ungebundenen (= losen) Gesteinskörnungen, dem Schotter. Dieser Baustoff ist aber nur geeignet für Straßen, auf denen nicht viel und nicht schnell gefahren wird.

2 **Lesen Sie. Hören Sie dann einen Dialog. Ordnen Sie die markierten Wörter den Bildern zu.**

www.schoene-wege-gestalten.de

Baustoffe für Wege – Wir haben ein großes Angebot!

Wenn man Wege schön gestalten will, hat man viele Baustoffe zur Auswahl und muss sich entscheiden.
Gar nicht so einfach! Wir helfen Ihnen bei der Wahl und beraten Sie gern.
Sie können Verbundpflaster, Gehwegplatten oder Rasengitterplatten wählen – das sind praktische und häufig verwendete Materialien. Wenn Sie Lust auf etwas Besonderes haben, dann sind vielleicht Klinkersteine oder Mosaikpflaster das Richtige für Sie.
Es ist auch möglich, Natursteine zu verwenden. Hier haben wir Splitt aus Granit und Basalt im Angebot – für den ganz besonders schönen Weg!
Kontaktieren Sie uns – wir helfen Ihnen gern weiter!

1 der ………………………

2 der ………………………

3 die ………………………

4 die ………………………

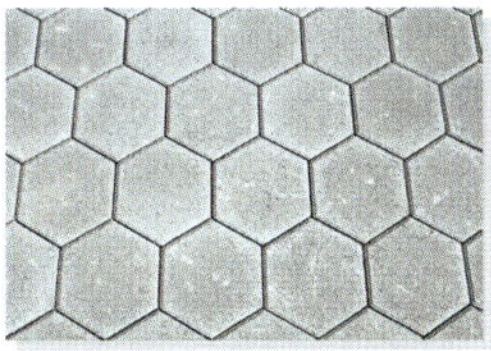  

5 das ....

6 der ....

7 das ....

3 **Wie kann man das auch sagen? Kreuzen Sie an. (Zwei Antworten sind richtig.)**

pflastern = Pflastersteine ○ einladen ○ einsetzen ○ verlassen ○ verlegen

4 **Verbinden Sie.**

1 das Verbund
2 die Straßen
3 die Schotter
4 die Rasengitter
5 der Klinker

A stein
B straße
C pflaster
D decke
E platte

5 **Finden Sie fünf Wörter und ergänzen Sie.**

RUTGPFLASTERNHONDSPLITTLOPBASALTWURTLOSEKBSAFUBAUSTOFFOTERF

◆ Ich möchte einen Weg im Garten neu gestalten und brauche Beratung.
○ Gern. An welchen [1] .... haben Sie gedacht?
◆ Hmm, ich weiß nicht … Vielleicht Naturstein?
○ Eine sehr gute Idee. Da kann ich Ihnen [2] .... aus Granit oder [3] .... empfehlen. Da brauchen Sie nicht zu [4] ...., das Material wird [5] .... auf den Weg gestreut.

6 **Welche Arbeitsschritte gibt es, wenn man Pflastersteine verlegt? Recherchieren Sie und machen Sie Notizen.**

Lernwortschatz

die Asphaltstraße, -n ....
der Basalt, -e ....
die Betonstraße, -n ....
einsetzen, hat eingesetzt ....
flexibel ....
die Gehwegplatte, -n ....
der Granit, -e ....
der Klinkerstein, -e ....
lose ....
das Mosaikpflaster, – ....
pflastern, hat gepflastert ....
die Rasengitterplatte, -n ....
die Schotterstraße, -n ....
der Splitt, -e ....
die Straßendecke, -n ....
ungebunden ....
das Verbundpflaster, – ....
verlegen, hat verlegt ....

19 Kanalbau

1 Schreiben Sie die Wörter richtig. Hilfe finden Sie im Lernwortschatz.

der [1] .... (bauKanal): Teilgebiet im Tiefbau. Er befasst sich mit dem Bau und der [2] .... (tunghalInstand) von Kanälen und Leitungen, zum Beispiel für [3] .... (serwasAb), [4] .... (serwasSchmutz) und [5] .... (serwasRegen). Personen, die in diesem Bereich arbeiten, heißen [6] .... (nalbauKaer) und Kanalbauerinnen.

2 a Beschriften Sie die Bilder.

das Betonrohr | das Gussrohr | das Kunststoffrohr | ~~das Steinzeugrohr~~

1 das Steinzeugrohr

2 ....

3 ....

4 ....

b Ergänzen Sie die Nummern aus a.

..... Das ist ein Rohr, das aus Kunststoff hergestellt ist.
..... Das ist ein Rohr aus Gusseisen. Gusseisen ist feuerfest.
..... Das ist ein Rohr aus Beton.
..... Das ist ein Rohr, das aus Ton hergestellt und gebrannt wird.

3 Bilden Sie Komposita. Notieren Sie auch die Artikel.

1 der Schmutz + das Wasser = ...
2 der Kanal + der Bau = ...
3 der Beton + das Rohr = ...
4 der Kanal + die Bauerin = ...
5 das Abwasser + die Leitung = ...
6 der Kunststoff + das Rohr = ...
7 der Regen + das Wasser = ...
8 das Feuer + fest = ...
9 tief + der Bau = ...

4 Beschriften Sie die Abbildung.

der Außendurchmesser | der Innendurchmesser | die Wandstärke

1 ....

2 ....

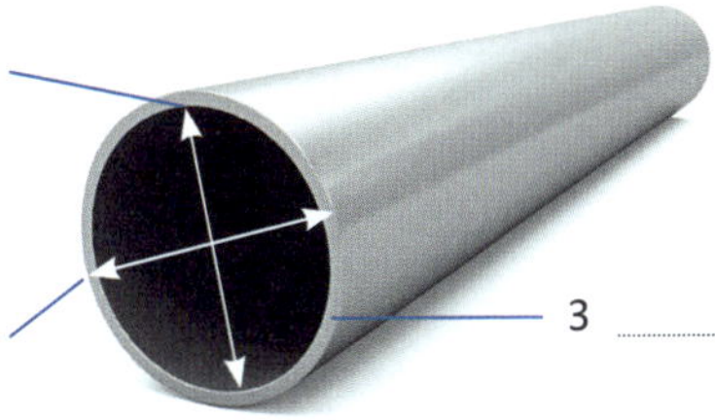

3 ....

5 Teile vom Rohr. Verbinden Sie.

A

B

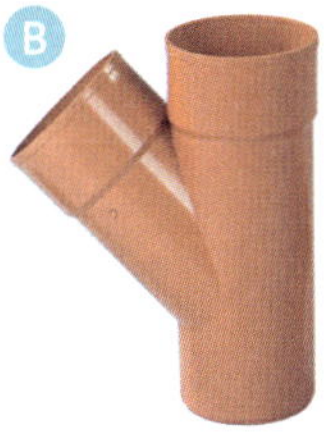

C

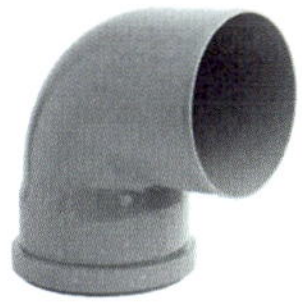

D

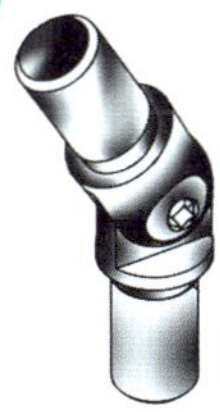

1 der Bogen   2 der Abzweig (90 Grad)   3 das Gelenkstück   4 der Abzweig (45 Grad)

6 Welches Wort in 4 bedeutet das Gleiche wie *Nenndurchmesser*? Recherchieren Sie und ergänzen Sie.

der Nenndurchmesser = ...

Lernwortschatz

das Abwasser, ¨ ....
die Abwasserleitung, -en ....
der Abzweig, -e ....
der Außendurchmesser, – ....
das Betonrohr, -e ....
der Bogen, ¨ / – ....
feuerfest ....
das Gelenkstück, -e ....
das Gusseisen (Sg.) ....
das Gussrohr, -e ....
der Innendurchmesser, – ....
die Instandhaltung, -en ....
der Kanalbauer, – / die Kanalbauerin, -nen ....
....
der Kunststoff, -e ....
das Kunststoffrohr, -e ....
der Nenndurchmesser, – ....
das Regenwasser (Sg.) ....
das Rohr, -e ....
das Schmutzwasser (Sg.) ....
das Steinzeugrohr, -e ....
die Wandstärke, -n ....

20 Werkzeuge im Tiefbau

1 Ergänzen Sie. Hören Sie dann und überprüfen Sie.

die Schaufel

der Handstampfer

die Steingabel

der Spaten

die Schubkarre

1 Ein ………………………… ist ein Straßenbauwerkzeug, das zum Glätten und Verdichten von Material eingesetzt wird, zum Beispiel von Erde, Beton oder Sand. Man braucht ihn dort, wo man eine Rüttelplatte nicht benutzen kann.
2 Mit einer ………………………… kann man Material, zum Beispiel Erde, leicht transportieren.
3 Mit einem ………………………… kann man Löcher ausheben.
4 Mit einer ………………………… kann man Schotter und Splitt gut auf dem Boden verteilen.
5 Mit einer ………………………… kann man lockeres Material bewegen (zum Beispiel Sand auf eine Schubkarre).

2 a Ergänzen Sie die Buchstaben. Hilfe finden Sie im Lernwortschatz.

1 der F…… ……st……l

2 der Pfl……st……r-h……mm……r

3 der Pl……tt……n-h……b……r

4 der Pl……tt……n-h……mm……r

b Welcher Hammer für welche Arbeit? Hören Sie und ordnen Sie die Nummern aus a zu.

…… Steine formen und Stücke von Steinen abschlagen; mit Gummiaufsatz: Platten festklopfen
…… Platten festklopfen
…… Pflastersteine festklopfen oder anheben, den Untergrund vorbereiten

3 a **Bilden Sie Komposita. Notieren Sie auch die Artikel.**

1 die Hand + stampf~~en~~ + er = der ……………………
2 die Platte + heb~~en~~ + er = ……………………
3 das Rohr + greif~~en~~ + er = ……………………

b **Welches Wort aus a zeigt die Abbildung? Ergänzen Sie die Nummer.**

……

4 **Welches Werkzeug braucht man wofür? Verbinden Sie.**

1 festes Material (zum Beispiel Erde) locker machen
2 Platten heben und bewegen
3 Rohre bewegen
4 Boden glätten und verdichten
5 Material (zum Beispiel Sand) von einem Ort zum anderen bringen

A der Rohrgreifer
B der Spaten
C der Plattenheber
D die Schubkarre
E der Handstampfer

5 **Kennen Sie weitere Werkzeuge im Tiefbau? Mit welchen Werkzeugen arbeiten Sie oft? Machen Sie Notizen.**

Lernwortschatz

der Fäustel, – ……………………
greifen, hat gegriffen ……………………
der Handstampfer, – ……………………
heben, hat gehoben ……………………
locker ……………………
der Pflasterhammer, ¨ ……………………
der Plattenhammer, ¨ ……………………
der Plattenheber, – ……………………
der Rohrgreifer, – ……………………
die Schaufel, -n ……………………
die Schubkarre, -n ……………………
der Spaten, – ……………………
stampfen, hat gestampft ……………………
die Steingabel, -n ……………………
das Straßenbauwerkzeug, -e ……………………
……………………

21 Messwerkzeuge und Absteckwerkzeuge

1 **Ergänzen Sie die Zahlen aus der Skizze.**

Messgeräte (____) und Absteckgeräte braucht der Vermessungstechniker / die Vermessungstechnikerin (____) bei der täglichen Arbeit für die Messung von Winkeln (____) und Entfernungen (____) und für die Bestimmung von Höhenunterschieden (____).

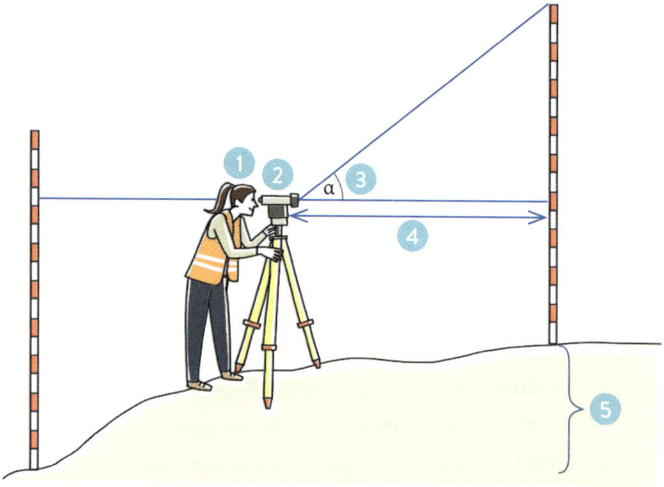

2 **Welches Werkzeug wofür? Ordnen Sie die Werkzeuge in die Tabelle ein.**

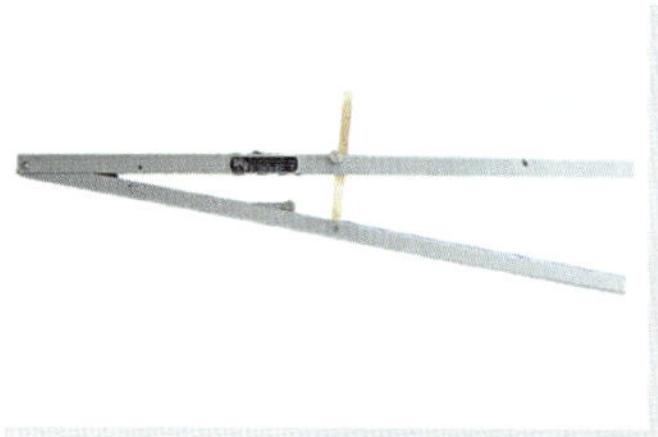

1 die Böschungslehre

2 das Maßband

3 das Richtscheit

4 der Laser-Entfernungsmesser

5 die Neigungswasserwaage

Entfernungen messen	Höhenunterschiede bestimmen

3 a Welche Beschreibung passt? Hören Sie und verbinden Sie.

1 das Nivelliergerät
2 der Theodolit
3 der Rotationslaser

A Winkel messen und bestimmen
B mit einem Laser gerade Linien messen und Höhen bestimmen
C auf Nivellierlatte ausrichten und Höhenunterschiede messen

b Ordnen Sie die Nummern aus a den Bildern zu.

....

....

....

4 Bilden Sie Komposita. Notieren Sie auch die Artikel.

1 mess~~en~~ + das Gerät = ...
2 das Maß + das Band = ...
3 absteck~~en~~ + das Gerät = ...
4 die Rotation + s + der Laser = ...
5 die Höhe + n + der Unterschied = ...
6 die Vermessung + s + der Techniker = ...
7 die Neigung + s + das Wasser + die Waage = ...

5 Notieren Sie weitere Werkzeuge, mit denen man Entfernungen messen und Höhenunterschiede bestimmen kann.

Lernwortschatz

abstecken, hat abgesteckt
das Absteckgerät, -e
ausrichten, hat ausgerichtet
bestimmen, hat bestimmt
die Bestimmung, -en
die Böschungslehre, -n
die Entfernung, -en
der Höhenunterschied, -e
der Laser-Entfernungsmesser, –
das Maßband, ¨-er
messen, hat gemessen
das Messgerät, -e
die Messung, -en
die Neigungswasserwaage, -n
das Nivelliergerät, -e
die Nivellierlatte, -n
das Richtscheit, -e
der Rotationslaser, –
der Theodolit, -e / -en
die Vermessung, -en
der Vermessungstechniker, –
die Vermessungstechnikerin, -nen
der Winkel, –

22 Innenausbau

1 Schreiben Sie die Wörter richtig. Hilfe finden Sie im Lernwortschatz.

Zum [1] .... (bauausInnen) gehören alle [2] .... (tenbeiarAusbau), die man im [3] .... (raumInnen) von Gebäuden macht. Typische Arbeiten sind zum Beispiel [4] .... (bauTrocken), [5] .... (baupenTrep), [6] .... (arbeittärSani) und [7] .... (ationInstall) von [8] .... (trikElek).

2 a Welches Verb passt? Hören Sie und verbinden Sie.

1 Estrich	A anbringen
2 Fußboden	B verlegen
3 Elektrik	C legen
4 Innenputz	D durchführen
5 Sanitärarbeiten	E installieren

b Ordnen Sie die Nummern aus a zu.

....

....

....

....

....

3 Bilden Sie das Verb und ergänzen Sie. Hilfe finden Sie im Lernwortschatz.

1 der Ausbau – ....
2 die Modernisierung – ....
3 die Sanierung – ....
4 die Installation – ....

4 Sie hören drei Aussagen. Ordnen Sie die Aussagen 1–3 den Anzeigen zu.

..... **Fußbodendesign Bittermann**
Egal ob Teppich, Parkett oder Laminat – Wir verlegen Ihren Fußboden schnell und günstig! Einfach Angebot anfordern unter *www.bodendesign-bittermann.de*.

..... **Sanitär Rauhe & Söhne** – Komplett- oder Teilsanierung Ihres Bades zu fairen Preisen. Kontakt: 05129/86 39 474

..... **Hase-Elektrik** – Ihr zuverlässiger Partner in Leipzig
Installation, Modernisierung und Notdienst: Wir sind für Sie da. Tel.: 0176 218 78 30

5 Bilden Sie vier Wörter mit *-bau*. Notieren Sie auch die Artikel.

Aus | aus | cken | Innen | pen | Trep | Tro

.....

.....

.....

.....

6 Welche Arbeiten gehören noch zum Innenausbau? Machen Sie eine Liste.

Innenausbau:
– die Malerarbeiten
–

Lernwortschatz

der Ausbau, -ten .....
die Ausbauarbeiten (Pl.) .....
ausbauen, hat ausgebaut .....
die Elektrik (Sg.) .....
der Estrich, -e .....
der Fußboden, ¨ .....
der Innenausbau, -ten .....
der Innenputz (Sg.) .....
der Innenraum, ¨e .....
die Installation, -en .....
installieren, hat installiert .....
legen, hat gelegt .....
modernisieren, hat modernisiert .....
die Modernisierung, -en .....
sanieren, hat saniert .....
die Sanierung, -en .....
die Sanitärarbeit, -en .....
der Treppenbau, -ten .....
der Trockenbau, -ten .....
verlegen, hat verlegt .....

23 Putzarbeiten

1 **Ergänzen Sie.**

~~der Außenputz~~ der Innenputz der Nassputz der Trockenputz

1 *der Außenputz* ≠ ....
2 .... ≠ ....

2 a **Schreiben Sie die Wörter richtig. Hilfe finden Sie im Lernwortschatz.**

Wer [1] .... (tenbeiarPutz) durchführen möchte, muss entscheiden, ob er [2] .... (putzckenTro) oder [3] .... (putzNass) [4] .... (tenbeiarver) will. Trockenputz nennt man zum Beispiel [5] .... (plattenkartonGips), die man an die Wand [6] .... (benkle) oder [7] .... (benschrau) kann. Nassputz besteht aus Bindemittel, Gesteinskörnung und Wasser und wird in nassem [8] .... (standZu) auf den [9] .... (grundPutz) (= den Untergrund) aufgetragen. Je nach Putzweise (zum Beispiel Reibeputz oder Kratzputz) entstehen verschiedene [10] .... (strukturenflächenOber).

b ***Trockenputz*** **oder** ***Nassputz*****? Ergänzen Sie mit Artikel.**

1 ....

2 ....

3 a **Welche Beschreibung passt? Hören Sie und verbinden Sie.**

1 die Putzmaschine
2 der Kantenhobel
3 das Putzprofil

A Kanten von Gipskartonplatten abschrägen und hobeln
B Putz schnell auf große Flächen auftragen
C Putzarbeiten mit hoher Qualität ausführen: Putzflächen und Kanten genau herstellen

b **Ordnen Sie die Nummern aus a zu.**

....

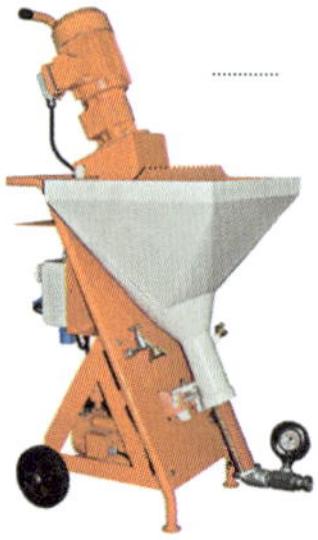
....

....

4 **Lesen Sie und beschriften Sie die Bilder.**

1 der

2 die

Plastische Formen und kunstvolle Verzierungen an Wand und Decke nennt man Stuck. Von dem Wort Stuck kommt die Berufsbezeichnung für eine Person, die Putzarbeiten durchführt: der Stuckateur / die Stuckateurin.

5 **Welches Verb passt nicht? Streichen Sie.**

1 Kanten: hobeln – abschrägen – schrauben
2 Gipskartonplatten: kleben – schrauben – entstehen
3 Nassputz: abschrägen – verarbeiten – auftragen

6 **Wie kann man das auch sagen? Verbinden Sie.**

1 der Untergrund
2 Verzierungen an Wand und Decke
3 geformt, dreidimensional
4 die Art und Weise, die Situation
5 handwerklich sehr schön

A plastisch
B der Zustand
C der Putzgrund
D kunstvoll
E der Stuck

7 **Recherchieren Sie Vor- und Nachteile von Trocken- und Nassputz. Machen Sie eine Tabelle.**

Lernwortschatz

abschrägen, hat abgeschrägt
der Außenputz (Sg.)
entstehen, ist entstanden
die Form, -en
die Gipskartonplatte, -n
hobeln, hat gehobelt
die Kante, -n
der Kantenhobel, –
kleben, hat geklebt
kunstvoll
der Nassputz (Sg.)
die Oberflächenstruktur, -en
plastisch
die Putzarbeiten (Pl.)
der Putzgrund, ¨-e
die Putzmaschine, -n
das Putzprofil, -e
schrauben, hat geschraubt
der Stuck (Sg.)
der Stuckateur, -e / die Stuckateurin, -nen
der Trockenputz (Sg.)
verarbeiten, hat verarbeitet
die Verzierung, -en
der Zustand, ¨-e

24 Fliesen verlegen 1: Werkzeuge

1 **Ergänzen Sie.**

Bodenfliesen | Feuchträume | Fliesen | Wandfliesen

[1] .... sind ein beliebtes Material, weil sie robust, langlebig, haltbar und pflegeleicht sind. Sie werden oft für [2] .... verwendet, zum Beispiel für Bad und Küche. Man unterscheidet [3] .... (= Fliesen für den Boden) und [4] .... (= Fliesen für die Wand).

Bodenfliesen

Wandfliesen

2 **Bilden Sie Wörter und ergänzen Sie.**

1 Ein Material, das lange „lebt“, also haltbar ist, nennt man langlebig.
2 Einen Raum, in dem es feucht ist, nennt man ....
3 Ein Material, das leicht zu pflegen ist, nennt man ....
4 Eine Fliese für die Wand heißt ....

3 **Ergänzen Sie. (Tipp: Sehen Sie die Teile der Wörter genau an. Dann ist das Zuordnen leichter.)**

2	die Fliesenzange		der Gummihammer		die Zahnkelle		das Fliesenkreuz
9	der Fugengummi		der Fliesenschneider		die Wasserwaage		
6	der Fliesenkeil		der Winkelmesser		der Fliesenhammer		

4 **Welches Wort aus 3 passt? Ergänzen Sie.**

1 die ....: Mörtel auf Flächen auftragen
2 der .... und das ....: Fliesen ausrichten (positionieren) und verhindern, dass sie verrutschen
3 der ....: Löcher in Fliesen schlagen oder Stücke aus Fliesen herausschlagen

5 **Finden Sie noch sechs Wörter und bilden Sie Komposita mit *Fliesen-* und *-fliese*. Notieren Sie auch die Artikel.**

S	B	W	Z	R	O	A	T	U	Z
I	O	B	E	W	A	N	D	X	A
D	D	K	P	I	F	H	V	G	N
T	E	R	C	J	S	X	R	K	G
K	N	E	H	A	M	M	E	R	E
E	K	U	E	O	F	N	W	M	P
I	G	Z	C	Z	A	D	L	U	H
L	S	C	H	N	E	I	D	E	R

der Fliesenschneider
....
....
....
....
....
....

6 **Wofür braucht der Fliesenleger / die Fliesenlegerin die weiteren Werkzeuge in 3? Recherchieren Sie und machen Sie Notizen.**

– der Fliesenschneider: Fliesen in die passende Form schneiden
– der Gummihammer:

Lernwortschatz

die Bodenfliese, -n ....
der Feuchtraum, ¨-e ....
die Fliese, -n ....
der Fliesenhammer, ¨ ....
der Fliesenkeil, -e ....
das Fliesenkreuz, -e ....
der Fliesenschneider, – ....
die Fliesenzange, -n ....
die Fuge, -n ....
der Fugengummi, -s ....
der Gummihammer, ¨ ....
haltbar ....
langlebig ....
pflegeleicht ....
robust ....
verrutschen, ist verrutscht ....
die Wandfliese, -n ....
die Wasserwaage, -n ....
der Winkelmesser, – ....
die Zahnkelle, -n ....

25 Fliesen verlegen 2: Verfahren

1 a Was passiert wann? Hören Sie und bringen Sie die Punkte in die richtige Reihenfolge.

..... Fliesen anbringen
..... Dehnungsfuge anfertigen
..... Fliesen reinigen
..... überschüssige Fugenmasse entfernen
..... Fugenmasse in die Fugen einstreichen
1 Fliesenkleber oder Mörtel auf den Untergrund auftragen

b Welche Tätigkeit aus a passt? Ordnen Sie die Nummer zu.

.....

.....

.....

2 Was passt? Ergänzen Sie.

dick dünn mitteldick

1 Beim Dünnbettverfahren wird der Mörtel / Kleber ..... aufgetragen.
2 Beim Mittelbettverfahren wird der Mörtel / Kleber ..... aufgetragen.
3 Beim Dickbettverfahren wird der Mörtel / Kleber ..... aufgetragen.

3 Wie kann man das auch sagen? Verbinden Sie.

1 Fliesen verlegen
2 Fugen verfüllen
3 ein bisschen trocknen
4 hart werden
5 herstellen
6 zu viel

A anfertigen
B antrocknen
C fliesen
D verfugen
E überschüssig
F aushärten

4 Bilden Sie Komposita. Notieren Sie auch die Artikel.

1 die Fliese + n + der Kleber
= .....
2 die Fuge + n + die Masse
= .....
3 dick + das Bett + das Verfahren
= .....
4 die Dehnung + s + die Fuge
= .....
5 mittel + das Bett + das Verfahren
= .....

5 Welches Verb passt? Verbinden Sie.

1 Fliesenkleber — B auftragen
2 Fliesen
3 Fugenmasse in die Fugen
4 überschüssige Fugenmasse

A entfernen
B auftragen
C anbringen
D einstreichen

6 a Finden Sie vier Wörter und ergänzen Sie.

RDÜNNBETTVERFAHRENOPTRFFLIESENKLEBERQIT
KLNPHSFUGENMASSEKNBATDEHNUNGSFUGEALFM

1 .... braucht man, um die Fliesen nach dem Anbringen zu verfugen.
2 Auf den Untergrund trägt man .... auf. Darauf bringt man dann die Fliesen an.
3 Die .... ist eine wichtige Fuge. Sie trennt unterschiedliche Bauteile voneinander und verhindert Risse. Sie ist zum Beispiel zwischen Wandfliesen und Boden.
4 Das .... ist eins der wichtigsten Verfahren zum Verlegen von Fliesen.

b Welcher Satz aus a passt? Ordnen Sie die Nummer zu.

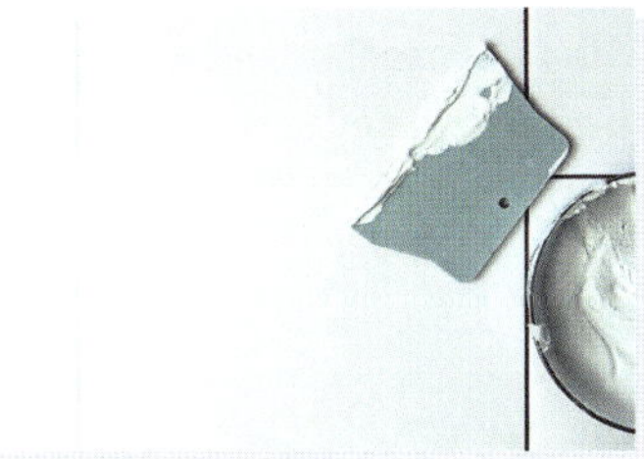 ....

 ....

7 Haben Sie Erfahrung mit einem der Verfahren, die in 2 genannt werden? Mit welchem? Machen Sie Notizen.

Lernwortschatz

anfertigen, hat angefertigt ....
antrocknen, ist angetrocknet ....
aushärten, ist ausgehärtet ....
die Dehnungsfuge, -n ....
das Dickbettverfahren (Sg.) ....
das Dünnbettverfahren (Sg.) ....
einstreichen, hat eingestrichen ....
entfernen, hat entfernt ....
fliesen, hat gefliest ....
der Fliesenkleber, – ....
die Fugenmasse, -n ....
das Mittelbettverfahren (Sg.) ....
....
mitteldick ....
reinigen, hat gereinigt ....
überschüssig ....
das Verfahren, – ....
verfugen, hat verfugt ....

26 Bohren, Schrauben, Dübeln

1 Beschriften Sie die Bilder.

~~die Mutter~~ | die Schraube | der Schraubenkopf | das Schraubengewinde | die Unterlegscheibe

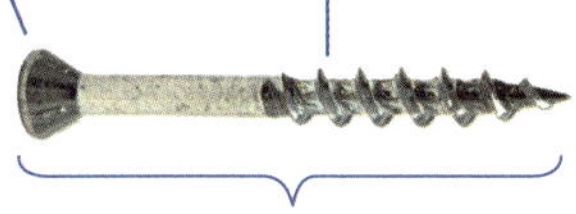

1 ....

2 ....

3 ....

4 die Mutter

5 ....

2 Verbinden Sie.

1 

2 

3 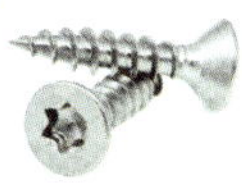

a 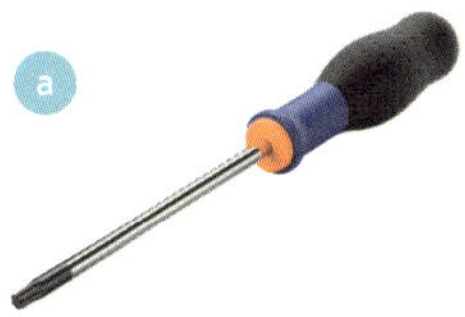

b 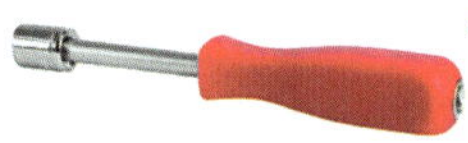

c 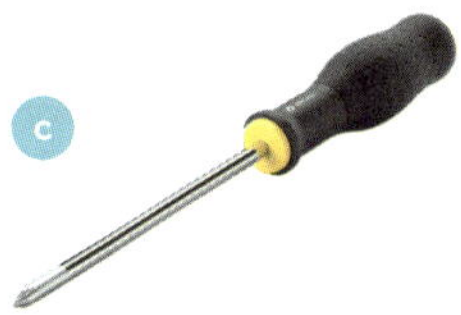

A die Sechskantschraube und der Sechskantschraubendreher

B die Innensechsrundschraube und der Innensechsrund-schraubendreher

C die Kreuzschlitzschraube und der Kreuzschlitzschraubendreher

3 Ergänzen Sie.

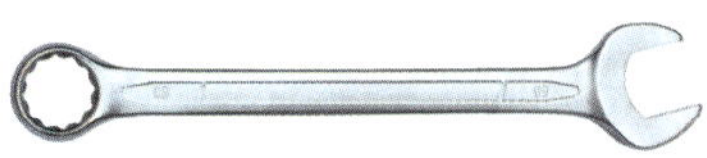

der Schraubenschlüssel

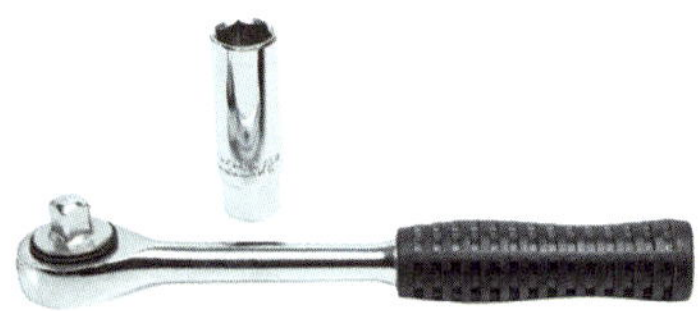

der Drehmomentschlüssel

Man braucht Schraubenschlüssel und Drehmomentschlüssel zum Festziehen von Schrauben und Muttern. [1] .... haben den Vorteil, dass man enge Stellen gut erreicht. Wenn man aber zum Beispiel bei Autorädern eine Mutter festzieht, ist der [2] .... geeignet. Damit kann man besser kontrollieren, wie fest man die Schraube anzieht.

4 Bilden Sie noch fünf Wörter mit *Schrauben-* und *-schraube*. Notieren Sie auch die Artikel.

der Schraubenkopf

....

5 **Schreiben Sie die Wörter richtig.**

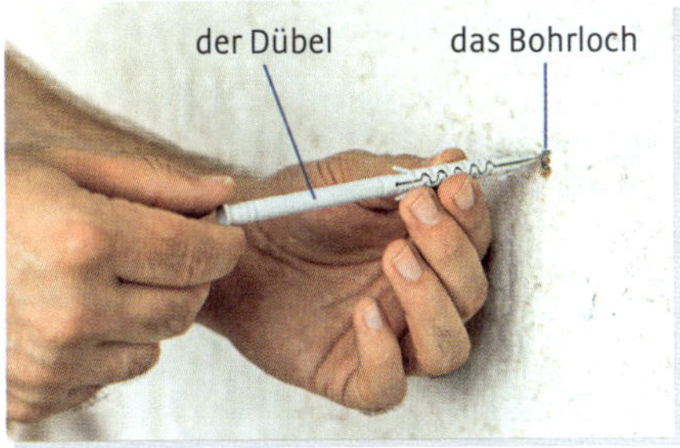

Um Löcher in Holz, Stein oder andere Materialien zu [1] *bohren* (rnbeoh), braucht man eine [2] ……… (schhiBaormne) und einen [3] ……… (roehrB), der für dieses Material geeignet ist. In das [4] ……… (loochrBh) kann man, wenn nötig, einen [5] ……… (blDüe) einbringen, damit die Schraube hält.

6 **Finden Sie noch vier Wörter und bilden Sie Komposita mit *-bohrer*.**

B	E	T	O	N	I	U
Y	C	C	H	V	E	P
Z	H	O	L	Z	S	M
S	A	T	O	P	T	R
F	L	I	E	S	E	N
J	Q	W	L	K	I	H
S	T	A	H	L	N	G

der Stahlbohrer

………

………

………

………

7 **Welche Arten von Schraubenschlüsseln gibt es? Recherchieren Sie und machen Sie eine Liste.**

Schraubenschlüssel: Maulschlüssel, …

Lernwortschatz

bohren, hat gebohrt ………
der Bohrer, – ………
das Bohrloch, ¨-er ………
die Bohrmaschine, -n ………
der Drehmomentschlüssel, – ………
der Dübel, – ………
dübeln, hat gedübelt ………
geeignet ………
das Gewinde, – ………
die Innensechsrundschraube, -n ………
der Innensechsrundschraubendreher, – ………
die Kreuzschlitzschraube, -n ………
der Kreuzschlitzschraubendreher, – ………
die Mutter, -n ………
die Schraube, -n ………
der Schraubendreher, – ………
das Schraubengewinde, – ………
der Schraubenkopf, ¨-e ………
der Schraubenschlüssel, – ………
die Sechskantschraube, -n ………
der Sechskantschraubendreher, – ………
die Unterlegscheibe, -n ………

27 Schleifen

1 Schreiben Sie die Wörter richtig. Hilfe finden Sie im Lernwortschatz.

www.schleifen-leicht-gemacht.de

Als [1] ________ (fenSchlei) bezeichnet man ein Verfahren, mit dem man die Oberflächen der [2] ________ (stückeWerk), zum Beispiel Holzbretter oder Steinplatten, bearbeiten kann – entweder [3] ________ (ellmanu), zum Beispiel mit einem [4] ________ (schleiferHand), oder mit einer [5] ________ (schinemaSchleif). Damit eine glatte Oberfläche entsteht, wird überschüssiges Material entfernt. Dabei entstehen [6] ________ (neSpä) als Abfallprodukte.

2 Ergänzen Sie.

der Winkelschleifer

der Deltaschleifer

der Schwingschleifer

der Exzenterschleifer

1 Der ________ hat einen Schleifteller in Form des griechischen Buchstabens Delta (Δ).
2 Der ________ hat eine Schleifscheibe, die über ein Winkelgetriebe bewegt wird.
3 Der ________ funktioniert durch Schwingungen der Schleifplatte.
4 Der ________ ist ein spezieller Schwingschleifer. Hier schwingt und rotiert die Schleifplatte.

3 Was passt? Hören Sie und verbinden Sie.

1 grobes Schleifpapier	Körnung: 100–150	Zwischenschliff
2 mittelgrobes Schleifpapier	Körnung: 320–400	Grobschliff
3 feines Schleifpapier	Körnung: 40–80	Nachschleifen und Polieren
4 sehr feines Schleifpapier	Körnung: 180–220	Feinschliff

4 Bilden Sie Komposita. Notieren Sie auch die Artikel.

1 schleifen + die Platte = ...

2 grob + der Schliff = ...

3 schwingen + der Schleifer = ...

4 das Werk + das Stück = ...

5 schleifen + das Papier = ...

5 Bilden Sie Wörter und ergänzen Sie.

ell | Fein | fer | Hand | Kör | ma | ne | nu | nung | schlei | schliff | Spä

1 Nach dem Zwischenschliff kommt der ....

2 Das ist Schleifpapier mit einer groben ....

3 Das ist ein ....
Er funktioniert ...., also ohne Strom.

4 Beim Schleifen produziert man ....

6 Welche Arbeitsschritte muss man machen, wenn man eine Holztür schleifen möchte? Machen Sie Notizen.

Holztür schleifen:
Arbeitsschritt 1: ...

Lernwortschatz

der Deltaschleifer, – ....

der Exzenterschleifer, – ....

fein ....

der Feinschliff, -e ....

grob ....

der Grobschliff, -e ....

der Handschleifer, – ....

die Körnung, -en ....

manuell ....

mittelgrob ....

nachschleifen, hat nachgeschliffen ....

....

das Nachschleifen (Sg.) ....

polieren, hat poliert ....

rotieren, hat rotiert ....

schleifen, hat geschliffen ....

die Schleifmaschine, -n ....

das Schleifpapier, -e ....

die Schleifplatte, -n ....

die Schleifscheibe, -n ....

der Schleifteller, – ....

schwingen, hat / ist geschwungen ....

der Schwingschleifer, – ....

die Schwingung, -en ....

der Span, Späne ....

das Werkstück, -e ....

der Winkelschleifer, – ....

der Zwischenschliff, -e ....

28 Beschaffenheit des Untergrunds

1 Hören Sie und ordnen Sie zu. Hören Sie noch einmal zur Kontrolle.

Beschaffenheit | porös | rau | saugfähig | Untergrundprüfung | Untergrundschäden

◆ Bevor man Arbeiten an Wänden durchführt, ist es wichtig, eine [1] .... zu machen.

○ Und worauf muss man dabei achten?

◆ Man muss die [2] .... des Untergrunds feststellen. Also ob er zum Beispiel glatt oder [3] .... ist. Man prüft auch, ob der Untergrund trocken und [4] .... ist und ob er kleine Löcher hat, also [5] .... ist. Das ist nötig, um [6] .... früh zu erkennen.

2 Wie nennt man das? Finden Sie das richtige Wort.

1

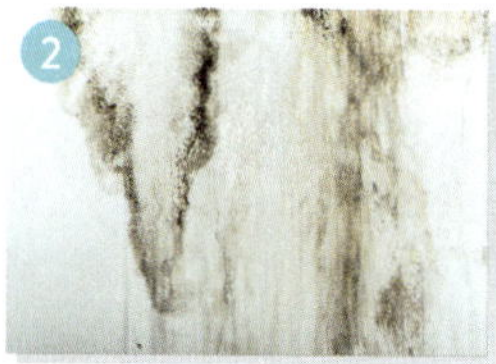
2

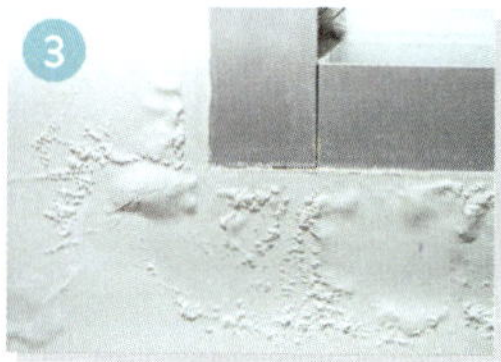
3

4

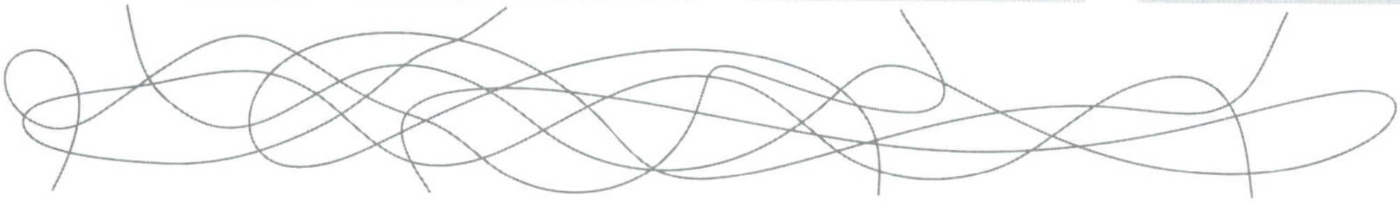

A die Blase | B der Riss | C die Abplatzung | D der Schmutz

3 a Lesen Sie die Notizen. Hören Sie dann und ergänzen Sie. Hören Sie noch einmal zur Kontrolle.

abkratzen | abziehen | anlösen | Gitterschnittmesser | Lösemittel | Quadrate | Schichtdicke

1 **die Abreißprobe:** Material: Klebeband
Verfahren: 1. Klebeband an die Wand drücken
2. Klebeband schnell ....

2 **die Kratzprobe:** Material: Messer oder Schraubendreher
Verfahren: Beschichtung an einer Stelle ....

3 **die Anlöseprobe:** Material: Lappen und ....
Verfahren: Lappen an die Wand halten und prüfen, ob sich die Beschichtung .... lässt

4 **die Gitterschnittprüfung:** Material: ....
Verfahren: Gitterschnitt machen und danach .... prüfen

5 **die Schichtdickenmessung:** Material: spezielle Messegräte
Verfahren: mit Messgeräten die .... messen

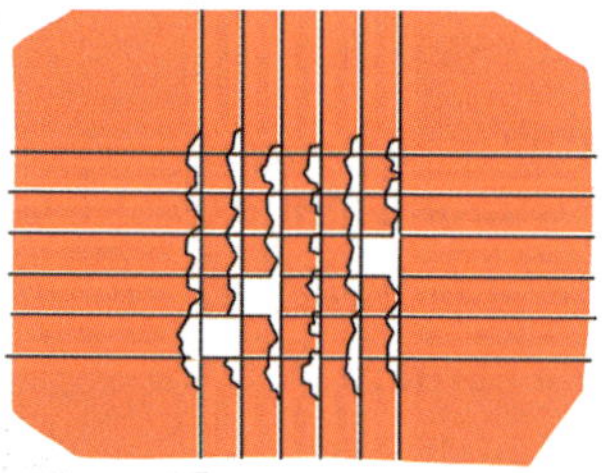

b Wie heißt dieses Werkzeug und für welche Probe braucht man es? Schreiben Sie.

Das ist ein
G_ _ _ _ _ _ _ _ _ _ _ _ _ _ _ _ _ _ .

Man braucht es für die
_ .

4 Was passt nicht? Streichen Sie.

1 die Blase – die Abplatzung – der Lappen – der Riss
2 abkratzen – durchführen – anlösen – abziehen
3 der Schmutz – das Klebeband – das Lösemittel – das Gitterschnittmesser
4 saugfähig – rau – porös – manuell

5 Bilden Sie Komposita. Notieren Sie auch die Artikel.

1 der Untergrund + der Schaden = ...
2 das Gitter + der Schnitt = ...
3 die Schicht + die Dicke = ...
4 abreiß~~en~~ + die Probe = ...
5 kleb~~en~~ + das Band = ...
6 lös~~en~~ + das Mittel = ...

6 Welche Proben in 3 haben Sie schon durchgeführt? Kennen Sie weitere Proben? Berichten Sie.

Lernwortschatz

abkratzen, hat abgekratzt ....
die Abplatzung, -en ....
die Abreißprobe, -n ....
abziehen, hat abgezogen ....
anlösen, hat angelöst ....
die Anlöseprobe, -n ....
die Beschaffenheit, -en ....
die Beschichtung, -en ....
die Blase, -n ....
der Gitterschnitt, -e ....
das Gitterschnittmesser, – ....
die Gitterschnittprüfung, -en ....
das Klebeband, ¨-er ....
die Kratzprobe, -n ....

der Lappen, – ....
das Lösemittel, – ....
porös ....
die Probe, -n ....
das Quadrat, -e ....
rau ....
der Riss, -e ....
saugfähig ....
der Schaden, ¨ ....
die Schichtdicke, -n ....
die Schichtdickenmessung, -en ....
der Schmutz (Sg.) ....
die Untergrundprüfung, -en ....
der Untergrundschaden, ¨ ....

29 Schaben und Verspachteln

1 Was passt? Verbinden Sie.

1 schaben

2 verspachteln

3 entschichten

A Material Schicht für Schicht abtragen

B überschüssiges Material entfernen

C Schäden an Wänden ausbessern, zum Beispiel Risse und Löcher

2 Ergänzen Sie.

der Cutter

der Handschaber

die Drahtbürste

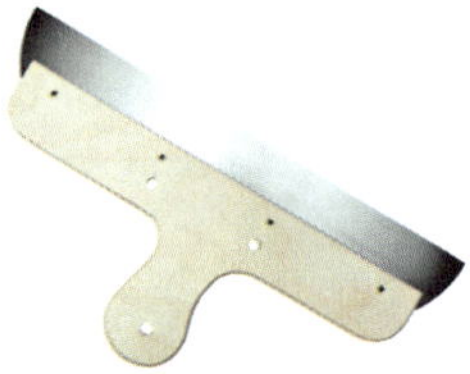
der Flächenschaber

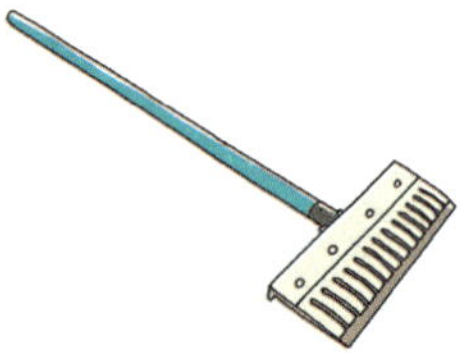
der Wand- und Deckenschaber

die Heißluftpistole

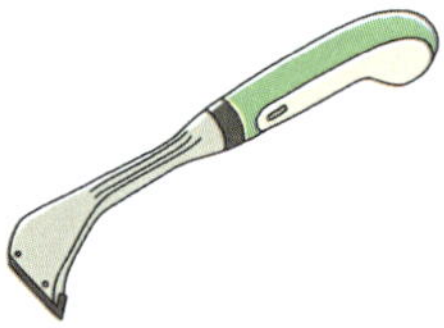
der Farbschaber

1 Ein .... ist ein Messer mit einer sehr scharfen Klinge. Die Klinge kann man abbrechen oder einziehen, wenn man sie nicht braucht.
2 Die .... ist ein Elektrogerät, mit dem man ein Werkstück warm machen kann. So kann man zum Beispiel Farbschichten besser entfernen.
3 Mit dem .... lassen sich Wände und Decken bearbeiten. Er hat einen langen Stiel.
4 Mit dem .... lassen sich Reste von Farbe von Werkstücken leicht entfernen.
5 Der .... ist besonders zum Bearbeiten von großen Flächen geeignet.
6 Der .... ist ein kleiner Schaber für die Bearbeitung von kleinen Flächen.
7 Mit der .... kann man Wände grob abbürsten.

3 Hören Sie und ergänzen Sie.

Löcher und Risse | Malerspachtel | Spachtelmasse | ~~Verspachteln~~

Verspachteln:

1 .... anrühren

2 mit einem ....
auf die Wand auftragen

3 .... damit schließen

4 Welches Verb passt? Verbinden Sie.

1 Schäden an der Wand
2 die Wand mit einer Drahtbürste
3 die Klinge am Cutter
4 Spachtelmasse

A abbrechen oder einziehen
B anrühren und auftragen
C abbürsten
D ausbessern

5 Bilden Sie Komposita. Notieren Sie auch die Artikel.

1 der Draht + die Bürste = ...
2 die Farbe + der Schaber = ...
3 der Maler + der Spachtel = ...
4 der Spachtel + die Masse = ...
5 heiß + die Luft+ die Pistole = ...

6 Erklären Sie einer Freundin / einem Freund, welche Werkzeuge zum Schaben es gibt und was die Unterschiede sind.

Lernwortschatz

abbrechen, hat abgebrochen ....
abbürsten, hat abgebürstet ....
ausbessern, hat ausgebessert ....
der Cutter, – ....
die Drahtbürste, -n ....
einziehen, hat eingezogen ....
entschichten, hat entschichtet ....
der Farbschaber, – ....
der Flächenschaber, – ....
der Handschaber, – ....
die Heißluftpistole, -n ....

die Klinge, -n ....
der Malerspachtel, – ....
schaben, hat geschabt ....
die Schicht, -en ....
die Spachtelmasse, -n ....
der Stiel, -e ....
verspachteln, hat verspachtelt ....
....
der Wand- und Deckenschaber, – ....
....

30 Malerarbeiten

1 Ordnen Sie die markierten Wörter den Bildern zu.

Bevor man eine Wand streichen kann, muss man ein paar Vorbereitungen treffen. Man muss zum Beispiel Fenster- und Türrahmen mit Malerkrepp (einem speziellen Klebeband) abkleben. Außerdem sollte man den Boden und die Möbel zum Schutz mit einem Abdeckvlies oder einer Abdeckplane aus Plastik abdecken.

1 die ....

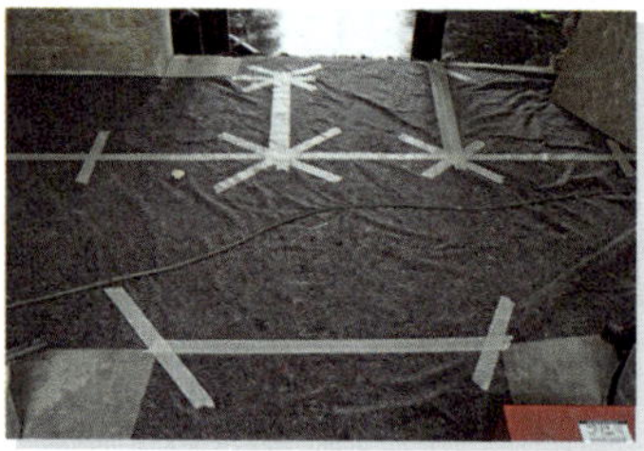

2 das ....

3 das ....

2 Ordnen Sie die Wörter zu.

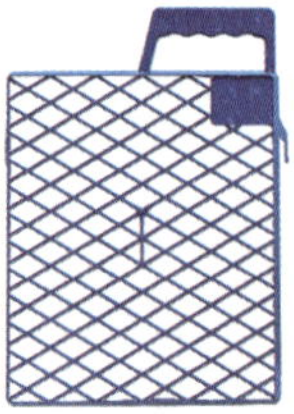

das Abstreifgitter

die Leiter

der Farbroller

der Ringpinsel

die Farbwanne

der Flachpinsel

der Rührstab

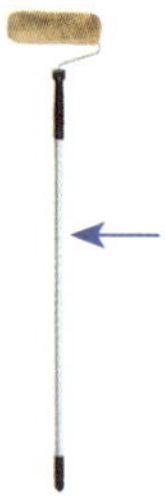

die Teleskopstange

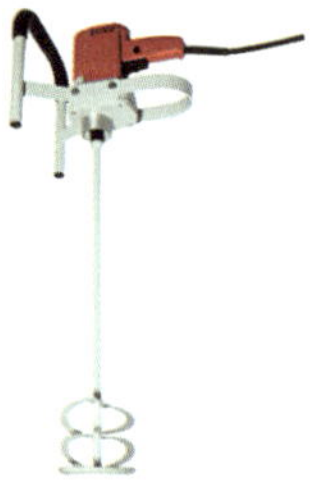

das Rührgerät

der Farbeimer

Farbe abstreifen	Farbe rühren	in der Höhe arbeiten	Farbe auf die Wand streichen	da ist die Farbe drin

3 **Beschriften Sie die Bilder.**

der Farbroller ~~der Rollenbügel~~ die Strukturwalze die Walze

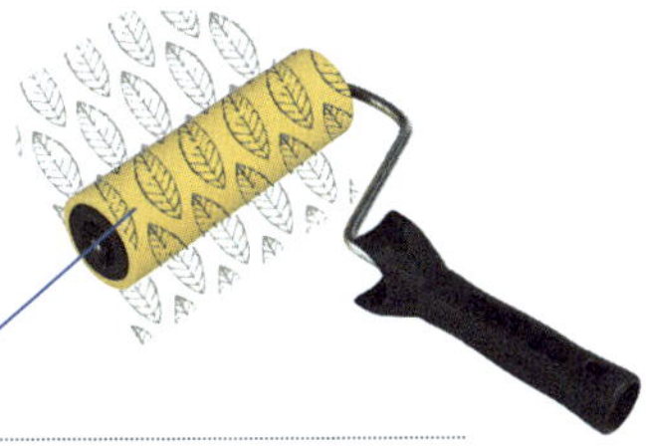

1 ....

3 der Rollenbügel

4 ....

2 ....

4 **Verbinden Sie.**

1 die Teleskop	A walze
2 der Ring	B plane
3 das Abstreif	C stange
4 die Struktur	D gitter
5 die Abdeck	E pinsel

5 **Bilden Sie Wörter und ergänzen Sie.**

Ab chen deck ei Farb krepp ler Ma mer strei vlies

◆ Meyer, hallo.

○ Malerbetrieb Laubner, hallo. Morgen kommt ein Maler zu Ihnen, um den Flur zu [1] .... Eine Frage: Sie wollten die Farbe selbst kaufen. Stimmt das?

◆ Ja. Wir haben einen [2] .... mit 40 Litern Farbe. [3] .... zum Abkleben und [4] .... zum Schutz der Möbel haben wir auch da.

○ In Ordnung. Den Rest bringt der Maler mit. Vielen Dank!

6 **Sie sollen eine Wohnung streichen. Welche Werkzeuge bringen Sie mit? Notieren Sie.**

Lernwortschatz

abdecken, hat abgedeckt ....
die Abdeckplane, -n ....
das Abdeckvlies, -e ....
abkleben, hat abgeklebt ....
abstreifen, hat abgestreift ....
das Abstreifgitter, – ....
die Farbe, -n ....
der Farbeimer, – ....
der Farbroller, – ....
die Farbwanne, -n ....
der Flachpinsel, – ....
die Leiter, -n ....
das Malerkrepp (Sg.) ....
der Ringpinsel, – ....
der Rollenbügel, – ....
rühren, hat gerührt ....
das Rührgerät, -e ....
der Rührstab, ¨-e ....
streichen, hat gestrichen ....
die Strukturwalze, -n ....
die Teleskopstange, -n ....
die Walze, -n ....

31 Tapezieren

1 Wie heißt das? Verbinden Sie.

D

A

E

1 der Nahtroller

2 der Tapetenkleister

3 die Tapezierschere

4 die Tapete

5 die Tapezierbürste

6 der Tapeziertisch

7 das Tapeziermesser

B
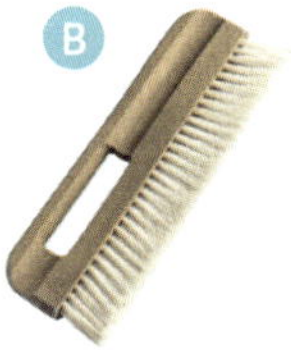

F

C
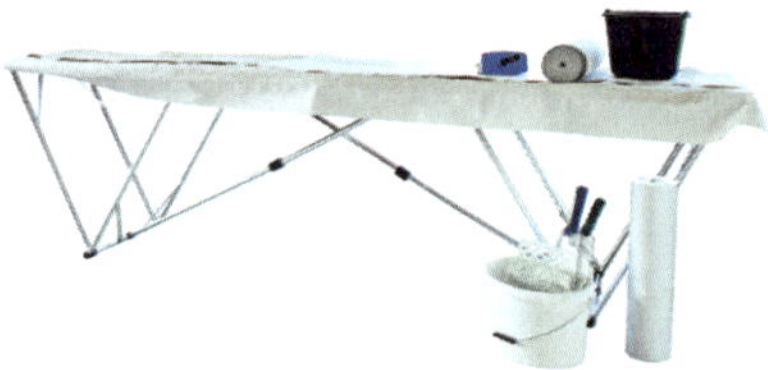

G

2 Hören Sie. Bringen Sie dann die Tätigkeiten in die richtige Reihenfolge. Hören Sie noch einmal zur Kontrolle.

...... Tapetenkleister einwirken lassen (Einwirkzeit etwa 10 Minuten)
...... überschüssige Tapete abschneiden
...... Tapetenbahn zuschneiden (Höhe der Wand + 5 cm)
...... Tapetenbahn einkleistern (= Tapetenkleister aufbringen) und in der Mitte falten
...... Tapetenrolle auf dem Tapeziertisch ausrollen
...... Tapetenbahn wieder aufklappen, an die Wand kleben und mit der Tapetenbürste feststreichen

3 Material für Tapeten. Bilden Sie Wörter mit *-tapete* und ordnen Sie zu.

Papier | Raufaser | Vinyl | Vlies

1 Tapete aus Papier nennt man ....
2 Tapete aus Vlies heißt ....
3 Tapete mit einer Oberfläche aus Vinyl (einem Kunststoff) nennt man ....
4 Wenn in der Tapete kleine Holzstücke sind, spricht man von einer ....

4 Vier Schritte beim Tapezieren. Verbinden Sie.

1 Tapete auf dem Tapeziertisch aus
2 die Tapete auf das richtige Maß zu
3 die Tapetenbahn ein
4 Tapete an der Wand fest

A schneiden
B streichen
C kleistern
D rollen

5 Bilden Sie Wörter und ergänzen Sie.

1 Ein Roller, mit dem man die Naht zwischen zwei Tapetenbahnen glatt macht, heißt Nahtroller.
2 Ein Tisch zum Tapezieren heißt ....
3 Kleister für Tapeten heißt ....
4 Die Zeit, die ein Produkt zum Einwirken braucht, nennt man ....

6 Welche Eigenschaften haben die verschiedenen Tapeten in 3? Recherchieren Sie und machen Sie Notizen.

Lernwortschatz

ausrollen, hat ausgerollt ....
einkleistern, hat eingekleistert ....
einwirken, hat eingewirkt ....
die Einwirkzeit, -en ....
falten, hat gefaltet ....
feststreichen, hat festgestrichen ....
die Naht, ¨-e ....
der Nahtroller, – ....
die Papiertapete, -n ....
die Raufasertapete, -n ....
die Tapete, -n ....
die Tapetenbahn, -en ....
der Tapetenkleister, – ....
die Tapetenrolle, -n ....
die Tapezierbürste, -n ....
tapezieren, hat tapeziert ....
die Tapezierschere, -n ....
der Tapeziertisch, -e ....
die Vinyltapete, -n ....
die Vliestapete, -n ....
zuschneiden, hat zugeschnitten ....
....

32 Fußboden verlegen

1 Welches Wort passt? Ergänzen Sie.

der Teppich

das Laminat

das Parkett

der PVC-Belag

1 .... ist ein Fußbodenbelag für Innenräume, der aus Holz besteht.
2 .... besteht unter anderem aus dem Kunststoff Polyvinylchlorid (PVC).
3 Ein .... kann aus pflanzlichem Material (z. B. Baumwolle) oder tierischem Material (z. B. Wolle) oder aus Kunstfasern (z. B. Polyester) bestehen.
4 .... sieht so ähnlich aus wie Parkett, ist aber billiger und nicht aus Holz.

2 Werkzeuge zum Verlegen von Teppich und Laminat. Ordnen Sie die Wörter zu.

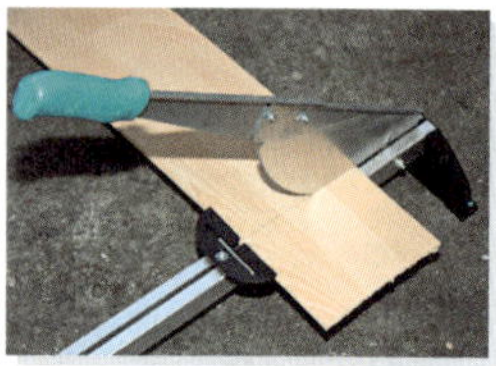
der Laminatschneider

das Teppichmesser

der Abstandskeil

der Schlagklotz

das Zugeisen

der Teppichkleber

das doppelseitige Klebeband

Teppich verlegen	Laminat verlegen

3 Hören Sie und ordnen Sie zu.

der Estrich | der Fußbodenbelag | die Trittschalldämmung

1 .... (Unterboden)

2 ....

3 ....

4 Bilden Sie Komposita mit *-er*. Notieren Sie auch die Artikel.

1 der Fußboden + legen = der Fußbodenleger

2 der Teppich + kleben = ...

3 das Laminat + schneiden = ...

4 der Estrich + legen = ...

5 Verbinden Sie.

1 der Schlag	A belag
2 das Zug	B faser
3 die Trittschall	C boden
4 der Fußboden	D dämmung
5 die Kunst	E klotz
6 der Unter	F eisen

6 Welche Werkzeuge braucht man zum Verlegen von Parkett und PVC-Belag? Recherchieren Sie und machen Sie eine Liste.

Lernwortschatz

der Abstandskeil, -e ....

die Baumwolle (Sg.) ....

doppelseitig ....

der Estrich, -e ....

der Estrichleger, – / die Estrichlegerin, -nen ....

der Fußbodenbelag, ¨-e ....

der Fußbodenleger, – / die Fußbodenlegerin, -nen ....

die Kunstfaser, -n ....

das Laminat, -e ....

der Laminatschneider, – ....

das Parkett, -e / -s ....

pflanzlich ....

das Polyvinylchlorid (Sg.) ....

der PVC-Belag, ¨-e ....

der Schlagklotz, ¨-e ....

der Teppich, -e ....

der Teppichkleber, – ....

das Teppichmesser, – ....

tierisch ....

die Trittschalldämmung, -en ....

der Unterboden, ¨ ....

die Wolle, -n ....

das Zugeisen, – ....

33 Farbe und Lack

1 Hören Sie und ergänzen Sie die Buchstaben.

www.malerbetrieb-laubner.de

VORLESEN

Leistungen | Über uns | Jobs | Kontakt

Wir streichen nicht nur Ihre Wände – wir beraten Sie auch und entwickeln gemeinsam mit Ihnen ein [1] F...rbk...nz...pt für Ihre Räume. Wenn Sie [2] F...rbt...n... [3] k...mb...n... ...r...n möchten, können Sie sich bei uns beraten lassen, damit alle Farben [4] z...s...mm...np...ss...n und [5] h...rm...n...sch [6] w...rk...n. Gern zeigen wir Ihnen unsere [7] F...rbm...st...r und führen einen [8] Pr...b... ...nstr...ch bei Ihnen durch. Kontaktieren Sie uns – wir helfen Ihnen gern!

der Farbfächer

2 Beschriften Sie die Bilder.

~~der Farbatlas~~ der Farbfächer der Farbkreis das Farbmuster

1 der Farbatlas

2 ...

3 ...

4 ...

3 Was passt? Verbinden Sie.

1 eine Farbe aufhellen

2 eine Farbe abdunkeln

A eine Farbe heller machen

B eine Farbe dunkler machen

4 Was kann man mit Farben tun? Finden Sie vier Verben und schreiben Sie.

ab auf bi dun hel keln kom len mi nie ren schen

Man kann Farben ...

... .

5 Wie heißen die Verben? Hören Sie den Radiobeitrag und ergänzen Sie.

1 der Lack – ....
2 der Schutz – ....
3 die Dekoration – ....

6 Lösen Sie das Rätsel.

1							F							
2						L								
3					H									
4						A								
5			S											
6				D										
7	P													

1 Damit streicht man eine Wand.
2 Das braucht man zum Lackieren.
3 Etwas, das gut zusammenpasst, ist ...
4 eine Farbe dunkler machen
5 Man lackiert Gegenstände, um sie zu ...
6 etwas schön gestalten
7 Man streicht ein Stück Wand, um zu sehen, wie die Farbe aussieht.

Lösung: ....

7 Welche Wirkungen haben Farben? Was muss man bei der Auswahl von Farben beachten? Überlegen Sie und machen Sie Notizen.

Lernwortschatz

abdunkeln, hat abgedunkelt ....
aufhellen, hat aufgehellt ....
die Dekoration, -en ....
dekorieren, hat dekoriert ....
der Farbatlas, -atlanten ....
der Farbfächer, – ....
das Farbkonzept, -e ....
der Farbkreis, -e ....
das Farbmuster, – ....
der Farbton, ¨-e ....
flüssig ....
harmonisch ....
kombinieren, hat kombiniert ....
der Lack, -e ....
lackieren, hat lackiert ....
der Probeanstrich, -e ....
schützen, hat geschützt ....
wirken, hat gewirkt ....
zusammenpassen, hat zusammengepasst ....

34 Holzarbeiten

1 Beschriften Sie die Bilder.

das Kantholz | das Rundholz | das Schnittholz

1 das Schnittholz

2 ....

3 ....

2 a Hören Sie und verbinden Sie.

1 das Brett
2 die Bohle
3 der Balken
4 die Latte

A maximal 4 Zentimeter dick und weniger als 8 Zentimeter breit
B mindestens 4 Zentimeter dick und häufig breiter als ein Brett
C maximal 4 Zentimeter dick und mindestens 8 Zentimeter breit
D mindestens 20 Zentimeter breit und ungefähr genauso dick

b Was ist das? Lesen Sie die Erklärungen in a noch einmal und beschriften Sie.

....

3 Ergänzen Sie. Hilfe finden Sie im Lernwortschatz.

1 die Fei..........

2 der Schraub..........

3 die Sä..........

4 das ....eisen

5 die Hobel..........

6 die ....kreissäge

4 Was kann man damit tun? Ergänzen Sie die Verben.

feilen hobeln sägen stemmen

1 die Hobelmaschine – ……………
2 das Stemmeisen – ……………
3 die Feile – ……………
4 die Säge – ……………

5 Was passt nicht zum Thema *Holzarbeiten*? Streichen Sie.

1 der Zimmerer – der Tischler – der Elektriker – der Drechsler
2 das Stemmeisen – der Fugenkeil – die Säge – die Feile
3 der Schiefer – der Balken – das Brett – die Latte
4 hobeln – sägen – feilen – verdichten

6 Ergänzen Sie.

Drechselarbeiten Drechsler Tischlerei Schreinerei

◆ Was machst du beruflich?
○ Ich habe seit vier Jahren eine eigene [1] …………… hier in Erfurt.
◆ Oh toll! Bei uns in Süddeutschland nennt man das [2] ……………. Dort bist du kein Tischler, sondern Schreiner. Aber das ist das Gleiche. Läuft deine Werkstatt gut?
○ Ich bin sehr zufrieden. Ich habe schon zwei Mitarbeiter und möchte noch einen [3] …………… einstellen. Ich kann nicht drechseln, es gibt aber viel Nachfrage nach [4] …………….

Drechslerin bei der Arbeit

7 Was machen Drechslerinnen und Drechsler? Recherchieren Sie.

Lernwortschatz

der Balken, – ……………
die Bohle, -n ……………
das Brett, -er ……………
drechseln, hat gedrechselt ……………
der Drechsler, – / die Drechslerin, -nen ……………
die Feile, -n ……………
feilen, hat gefeilt ……………
die Handkreissäge, -n ……………
die Hobelmaschine, -n ……………
hobeln, hat gehobelt ……………
das Kantholz, ¨-er ……………
die Latte, -n ……………
das Rundholz, ¨-er ……………
die Säge, -n ……………
sägen, hat gesägt ……………
das Schnittholz, ¨-er ……………
der Schraubstock, ¨-e ……………
die Schreinerei, -en ……………
das Stemmeisen, – ……………
stemmen, hat gestemmt ……………
die Tischlerei, -en ……………

35 Elektroinstallation

1 Hören Sie und ergänzen Sie dann.

Anlage | Elektroinstallateur | Fehlerstromschutzschalter | Leuchten | Schalter | Steckdosen | Verteiler

- ◆ Weißt du, was der [1] ______ montiert?
- ○ Ich glaube, er montiert [2] ______ und [3] ______.
- ◆ Richtig! Und zwar nicht nur normale Lichtschalter, sondern auch [4] ______. Die nennt man auch FI-Schalter.
- ○ Kümmert er sich auch um die [5] ______?
- ◆ Ja, genau, die Installation von Verteilern gehört auch zu seinen Aufgaben. Außerdem installiert er alle [6] ______.
- ○ Dann kümmert er sich also um die komplette elektrische [7] ______!

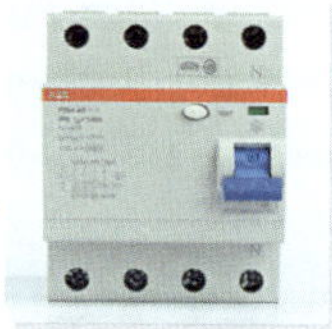

2 Elektrische Leiter. Finden Sie Synonyme.

1 der Außenleiter = ______ = die Phase

2 der Neutralleiter = ______

3 ______ = der Erdleiter

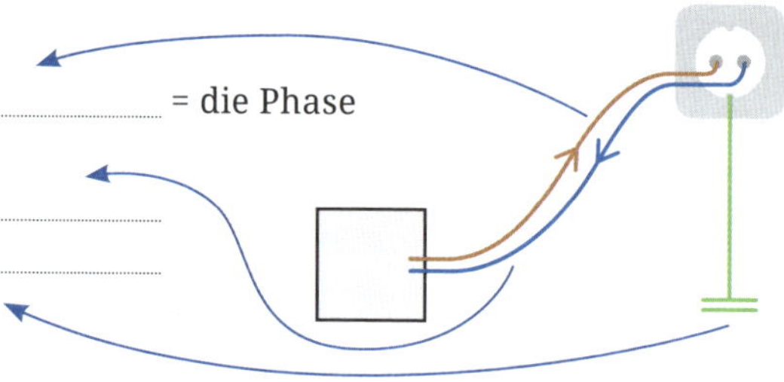

der Nullleiter | der Phasenleiter | der Schutzleiter

3 Ergänzen Sie.

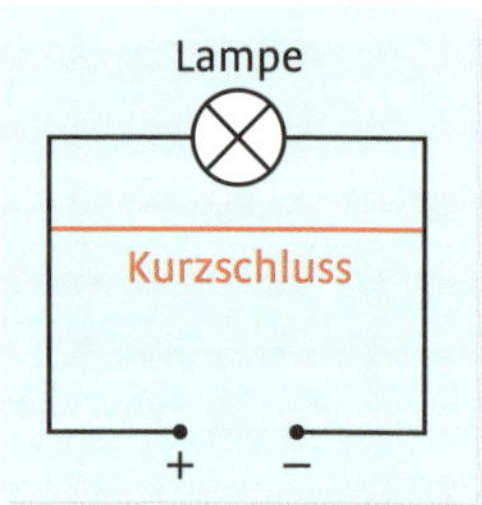

der Kurzschluss

die Sicherung

der Strom

der Stromschlag

Wenn es einen [1] Kurzschluss gibt und der [2] ______ weg ist, dann ist in der Regel die [3] ______ im Verteiler rausgesprungen. Das ist ein Mechanismus, der verhindert, dass es zu einem [4] ______ oder einem Brand kommt.

4 Ergänzen Sie die Tabelle.

die Leistung (P) | Ohm (Ω) | die Stromstärke (I) | Volt (V)

die Größe	die Einheit
die Spannung (U)	....
....	Ampere (A)
der Widerstand (R)	....
....	Watt (W)

5 Verbinden Sie.

1 die Elektro
2 der Fehlerstrom
3 der Null
4 der Kurz
5 der Strom
6 der Wider

A schutzschalter
B schluss
C schlag
D leiter
E stand
F installation

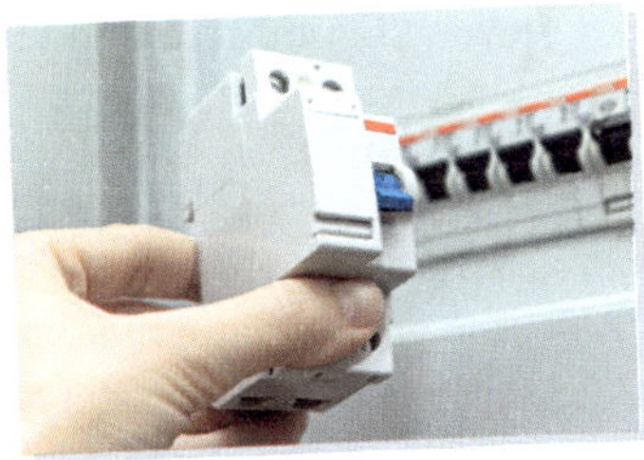

6 Welche Netzspannungen und Steckdosen gibt es in Deutschland, Österreich und der Schweiz? Machen Sie eine Liste.

Lernwortschatz

Ampere ....
die Anlage, -n ....
der Außenleiter, – ....
der Brand, ¨-e ....
elektrisch ....
der Elektroinstallateur, -e ....
die Elektroinstallateurin, -nen ....
die Elektroinstallation, -en ....
der Erdleiter, – ....
der Fehlerstromschutzschalter, – ....
der FI-Schalter, – ....
der Kurzschluss, ¨-e ....
die Leistung, -en ....
der Leiter, – ....
die Leuchte, -n ....
montieren, hat montiert ....
der Neutralleiter, – ....
der Nullleiter, – ....
Ohm ....
die Phase, -n ....
der Phasenleiter, – ....
rausspringen, ist rausgesprungen ....
der Schalter, – ....
der Schutzleiter, – ....
die Sicherung, -en ....
die Spannung, -en ....
die Steckdose, -n ....
der Strom (Sg.) ....
der Stromkreis, -e ....
der Stromschlag, ¨-e ....
die Stromstärke, -n ....
der Verteiler, – ....
Volt ....
Watt ....
der Widerstand, ¨-e ....

36 Heizung, Lüftung, Sanitär

1 Ergänzen Sie.

anlagen | Gas | heizungen

[1]Heizungs__________ braucht man, um Häuser mit Wärme zu versorgen. Es gibt zum Beispiel [2]__________heizungen und [3]Öl__________.

2 Hören Sie und streichen Sie das falsche Wort.

◆ Was ist eine [1] Lüftungsanlage – Wasserversorgung?

○ Das ist eine Anlage, die für den [2] Austausch – Aufbau von Luft zwischen dem [3] Außenraum – Keller und dem Innenraum sorgt. Die verbrauchte Luft von innen wird mit der frischen Luft von außen getauscht. Das passiert zum Beispiel durch einen [4] Lüfter – Schalter, der im Innenraum installiert wird. Für das [5] Raumklima – Wohnhaus ist es wichtig, genug zu [6] lüften – verlegen.

3 Bilden Sie Komposita auf *-ung*. Notieren Sie auch die Artikel.

1 mit Wasser versorgen – die __________
2 mit Gas versorgen – __________
3 das Abwasser entsorgen – __________

4 Ergänzen Sie die Mindmap.

das Abwasserrohr | die Armatur | die Badewanne | die Dusche | die Toilette | das Waschbecken

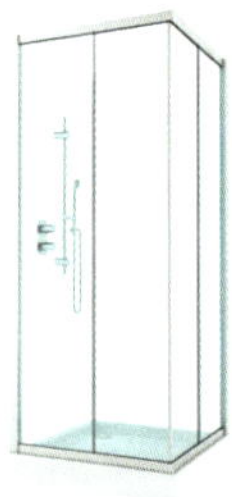

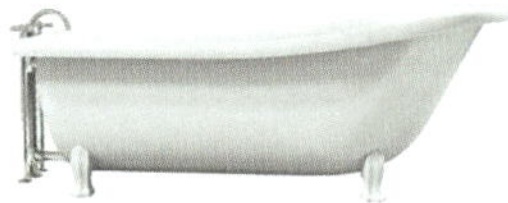

die Sanitäranlage

1 __________

2 __________

3 __________

4 __________

5 __________

6 __________

5 Ergänzen Sie. Notieren Sie zu den Nomen auch die Artikel.

1 beraten – ....
2 heizen – ....
3 warten – ....
4 .... – die Versorgung
5 .... – die Entsorgung
6 .... – die Lüftung

6 Ergänzen Sie.

Beratung | Heizungsanlagen | Sanitär | Wartung

Heizung und Sanitär Meyer

Wir suchen einen
Anlagenmechaniker (m/w/d) für [1] ....-, Heizungs- und Klimatechnik
mit mindestens zwei Jahren Berufserfahrung

Ihre Aufgaben:
- Installation und [2] .... / Reparatur von [3] ....
- Baustellenleitung
- [4] .... unserer Kundinnen und Kunden

7 Heizung, Lüftung, Sanitär. In welchem Bereich haben Sie schon Berufserfahrungen gesammelt oder möchten Sie gern Berufserfahrungen sammeln? Machen Sie Notizen.

Lernwortschatz

die Abwasserentsorgung (Sg.) ....
das Abwasserrohr, -e ....
der Anlagenmechaniker, – / die Anlagenmechanikerin, -nen für Sanitär-, Heizungs- und Klimatechnik ....
die Armatur, -en ....
der Außenraum, ¨-e ....
der Austausch (Sg.) ....
die Badewanne, -n ....
beraten, hat beraten ....
die Beratung, -en ....
die Dusche, -n ....
entsorgen, hat entsorgt ....
die Gasheizung, -en ....
die Gasversorgung (Sg.) ....
die Heizung, -en ....
die Heizungsanlage, -n ....
die Luft (Sg.) ....
lüften, hat gelüftet ....
der Lüfter, – ....
die Lüftung, -en ....
die Lüftungsanlage, -n ....
die Ölheizung, -en ....
das Raumklima (Sg.) ....
die Sanitäranlage, -n ....
die Toilette, -n ....
versorgen, hat versorgt ....
die Wärme (Sg.) ....
warten, hat gewartet ....
die Wartung, -en ....
das Waschbecken, – ....
die Wasserversorgung (Sg.) ....

37 Entsorgung und Umweltschutz

1 Schreiben Sie die Wörter richtig. Hilfe finden Sie im Lernwortschatz.

Beim Bauen entstehen auch [1] .... (abfallBau) und [2] .... (materialAbbruch). Die [3] .... (gungBeseiti) dieses Materials muss [4] .... (gerechtumwelt) auf [5] .... (nienDepo) [6] .... (generfol), um Schäden für die Umwelt zu [7] .... (denvermei).

2 Ergänzen Sie. Hören Sie dann und vergleichen Sie.

Baustoffrecycling | Nachhaltigkeit | Ressourcen | Stoffkreislauf

1 Mit .... meint man die Wiederverwertung von Baustoffen.
2 Man möchte Baustoffe wiederverwerten (also mehrmals verwenden), um .... zu schonen.
3 Dieses Verfahren soll Baustoffe im .... halten.
4 Damit soll es .... fördern.

3 Bilden Sie Komposita. Notieren Sie auch die Artikel.

1 die Ressource + n + schonen = die Ressourcenschonung
2 wieder + die Verwertung = ...
3 die Umwelt + der Schutz = ...
4 der Abbruch + das Material = ...
5 der Baustoff + das Recycling = ...

4 Beschriften Sie die Abbildung.

Baustoffrecycling | Deponie | Ressourcen | Stoffkreislauf

1 ....

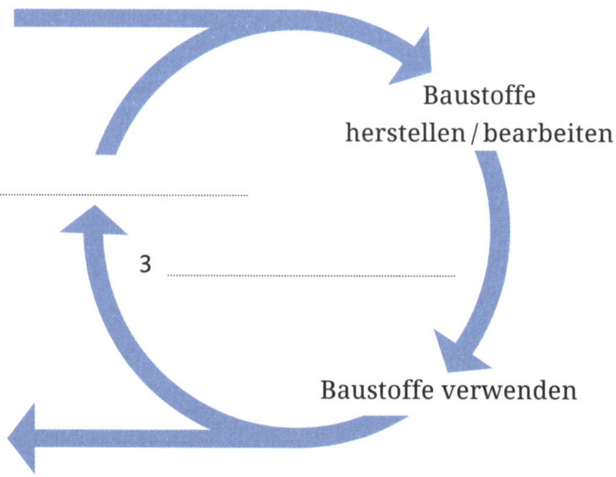

2 ....

3 ....

4 ....

5 Welches Verb passt? Verbinden Sie.

1 Abbruchmaterial umweltgerecht
2 die Umwelt
3 Ressourcen
4 Schäden für die Umwelt
5 Nachhaltigkeit

A schützen
B vermeiden
C fördern
D schonen
E beseitigen

6 Lösen Sie das Rätsel und finden Sie das Lösungswort.

1 Durch B________________ kann man die Umwelt schonen.
2 Auf einer Baustelle entsteht A______________, das entsorgt werden muss.
3 Viele Baumaterialien kann man w_______________.
4 R__________ sind zum Beispiel Wasser und Gestein.
5 Diese Firma achtet zum Schutz der Umwelt auf N_____________.
6 Der S______________ zeigt den Lebenszyklus eines Stoffes.

Lösung: ....

7 Wo in Ihrer Nähe können Sie Bauabfälle umweltgerecht entsorgen? Recherchieren Sie.

Lernwortschatz

das Abbruchmaterial, -ien ....
der Bauabfall, ¨-e ....
das Baustoffrecycling (Sg.) ....
beseitigen, hat beseitigt ....
die Beseitigung (Sg.) ....
die Deponie, -n ....
erfolgen, ist erfolgt ....
fördern, hat gefördert ....
die Nachhaltigkeit (Sg.) ....
die Ressource, -n ....
die Ressourcenschonung (Sg.) ....
schonen, hat geschont ....
schützen, hat geschützt ....
der Stoffkreislauf, ¨-e ....
die Umwelt (Sg.) ....
umweltgerecht ....
der Umweltschutz (Sg.) ....
vermeiden, hat vermieden ....
wiederverwerten, hat wiederverwertet ....
....
die Wiederverwertung (Sg.) ....

Wörterverzeichnis

Die Zahl gibt die Nummer des Wortfelds an.

abbrechen, hat abgebrochen **29**
das Abbruchmaterial, -ien **37**
abbürsten, hat abgebürstet **29**
abdecken, hat abgedeckt **30**
die Abdeckplane, -n **30**
das Abdeckvlies, -e **30**
abdunkeln, hat abgedunkelt **33**
abkippen, hat abgekippt **17**
abkleben, hat abgeklebt **30**
abkratzen, hat abgekratzt **28**
ableiten, hat abgeleitet **8**
die Abplatzung, -en **28**
die Abreißprobe, -n **28**
abschrägen, hat abgeschrägt **23**
absetzen, hat abgesetzt **7**
absolvieren, hat absolviert **1**
der Abstandskeil, -e **32**
abstecken, hat abgesteckt **21**
das Absteckgerät, -e **21**
abstreifen, hat abgestreift **30**
das Abstreifgitter, – **30**
der Absturz, -̈e **6**
abstürzen, ist abgestürzt **6**
abtragen, hat abgetragen **13**
die Abtragung, -en **13**
das Abwasser, -̈ **19**
die Abwasserentsorgung (Sg.) **36**
die Abwasserleitung, -en **19**
das Abwasserrohr, -e **36**
abziehen, hat abgezogen **28**
der Abzweig, -e **19**
die Achse, -n **17**
der Allradantrieb, -e **16**
Ampere **35**
anbringen, hat angebracht **6**
anfertigen, hat angefertigt **25**
der Anhänger, – **17**
die Anlage, -n **35**
der Anlagenmechaniker, – / die Anlagenmechanikerin, -nen für Sanitär-, Heizungs- und Klimatechnik **36**
anlösen, hat angelöst **28**
die Anlöseprobe, -n **28**
antrocknen, ist angetrocknet **25**
der Arbeitshandschuh, -e **2**
die Arbeitshose, -n **2**
die Arbeitskleidung (Sg.) **2**
der Arbeitsoverall,-s **2**
die Armatur, -en **36**
der Asphalt, -e **14**
die Asphaltstraße, -n **18**
die Atemschutzmaske, -n **2**
der Auffanggurt, -e **2**
aufhellen, hat aufgehellt **33**
aufnehmen, hat aufgenommen **7**
aufschütten, hat aufgeschüttet **14**
auftragen, hat aufgetragen **12**
ausbaggern, hat ausgebaggert **16**
der Ausbau, -ten **22**
die Ausbauarbeiten (Pl.) **22**
ausbauen, hat ausgebaut **22**
ausbessern, hat ausgebessert **29**
die Ausbildung, -en **1**
die Ausbreitung, -en **8**
ausführen, hat ausgeführt **15**
aushärten, ist ausgehärtet **25**
ausheben, hat ausgehoben **15**
die Aushilfe, -n **1**
der Ausleger, – **7**
ausrichten, hat ausgerichtet **21**
ausrollen, hat ausgerollt **31**
die Ausrüstung, -en **16**
der Außendurchmesser, – **19**
der Außenleiter, – **35**
der Außenputz (Sg.) **23**
der Außenraum, -̈e **36**
die Außenwand, -̈e **8**
der Austausch (Sg.) **36**
der / die Auszubildende, –, die Auszubildenden **1**
die Autobahn, -en **14**
die Badewanne, -n **36**
der Bagger, – **15**
der Balken, – **34**
der Basalt, -e **18**
der Bauabfall, -̈e **37**
der Baugrund, -̈e **13**
das Bauloch, -̈er **15**
das Baumaterial, -ien **7**
die Baumwolle (Sg.) **32**
die Baustelle, -n **1**
der Baustoff, -e **9**
das Baustoffrecycling (Sg.) **37**
die Bauweise, -n **5**
das Bauwerk, -e **5**
das Bauwesen (Sg.) **5**
befahrbar **15**
befestigen, hat befestigt **17**
befördern, hat befördert **17**
die Belastung, -en **8**
beraten, hat beraten **36**
die Beratung, -en **36**
die Beschaffenheit, -en **28**
die Beschichtung, -en **28**
beseitigen, hat beseitigt **37**
die Beseitigung (Sg.) **37**
bestehen (aus), hat bestanden **5**
bestimmen, hat bestimmt **21**
die Bestimmung, -en **21**
der Beton, -s **10**
der Betonbau, -ten **5**
der Betonbauer, – / die Betonbauerin, -nen **1**
die Betonbauweise, -n **5**
der Betondachstein, -e **11**
betonieren, hat betoniert **10**
die Betonmauer, -n **8**
das Betonrohr, -e **19**
die Betonstraße, -n **18**
betreiben, hat betrieben **7**
bewegen, hat bewegt **7**
die Bewegung, -en **7**
die Bewehrung, -en **10**
das Bindemittel, – **9**
die Blase, -n **28**
der Boden, -̈ **13**
die Bodenfliese, -n **24**
der Bogen, -̈ / – **19**
die Bohle, -n **34**
bohren, hat gebohrt **26**
der Bohrer, – **26**
das Bohrloch, -̈er **26**
die Bohrmaschine, -n **26**
das Bordbrett, -er **6**
die Böschungslehre, -n **21**
der Brand, -̈e **35**
das Brandschutzzeichen, – **4**
Brandmelder **4**
Brandmeldetelefon **4**
Feuerlöscher **4**
Löschschlauch **4**
die Brandwand, -̈e **8**
das Brett, -er **34**

der Gehörschutz (Sg.) **2**
der Gehweg, -e **14**
die Gehwegplatte, -n **18**
das Gelände, – **5, 16**
geländegängig **16**
die Geländeoberfläche, -n **5**
der Geländerholm, -e **6**
das Gelenkstück, -e **19**
geneigt **11**
das Gerüst, -e **6**
der Gerüstbelag, ¨-e **6**
der Gesichtsschutz (Sg.) **2**
gestalten, hat gestaltet **12**
die Gestaltung, -en **12**
die Gesteinskörnung, -en **10**
gewährleisten, hat gewährleistet **8**
das Gewicht, -e **6, 17**
das Gewinde, – **26**
der Giebel, – **11**
die Gipskartonplatte, -n **23**
der Gitterschnitt, -e **28**
das Gitterschnittmesser, – **28**
die Gitterschnittprüfung, -en **28**
glätten, hat geglättet **12**
die Glättkelle, -n **9**
der Glättputz (Sg.) **12**
gleichartig **15**
gleichmäßig **6**
der Granit, -e **18**
greifen, hat gegriffen **20**
grob **27**
der Grobschliff, -e **27**
das Grundstück, -e **13**
der Gummihammer, ¨ **24**
der Gummistiefel, – **2**
das Gusseisen (Sg.) **19**
der Gussrohr, -e **19**
das Gut, ¨-er **15**
der Hafen, ¨ **16**
haften, hat gehaftet **12**
haftfähig **12**
haltbar **24**
die Handkreissäge, -n **34**
der Handschaber, – **29**
der Handschleifer, – **27**
der Handstampfer, – **20**
das Handwerk, -e **1**
handwerklich **1**
harmonisch **33**
heben, hat gehoben **20**
die Heißluftpistole, -n **29**
die Heizung, -en **36**
die Heizungsanlage, -n **36**
herabfallen, ist herabgefallen **6**
herstellen, hat hergestellt **9**
die Herstellung (Sg.) **10**
die Hobelmaschine, -n **34**
hobeln, hat gehobelt **23, 34**
der Hochbau, -ten **5**
das Hochhaus, ¨-er **5**
der Höhenunterschied, -e **21**
horizontal **7**
das Hotel, -s **5**
der Innenausbau, -ten **22**
der Innendurchmesser, – **19**
der Innenputz (Sg.) **22**
der Innenraum, ¨-e **22**
die Innensechsrundschraube, -n **26**
der Innensechsrundschrauben-dreher, – **26**
die Innenwand, ¨-e **8**
die Installation, -en **22**
installieren, hat installiert **22**
instand halten, hat instand gehalten **14**
die Instandhaltung, -en **19**
jobben, hat gejobbt **1**
der Kalkstein, -e **9**
der Kanal, ¨-e **13**
der Kanalbau (Sg.) **13**
der Kanalbauer, – / die Kanalbauerin, -nen **19**
die Kante, -n **23**
der Kantenhobel, – **23**
das Kantholz, ¨-er **34**
das Kaufhaus, ¨-er **5**
die Kette, -n **16**
das Kettenfahrzeug, -e **16**
das Kettenlaufwerk, -e **16**
der Kies, -e **10**
die Kippbrücke, -n **17**
der Kippsattelzug, ¨-e **17**
kippsicher **6**
das Klebeband, ¨-er **28**
kleben, hat geklebt **23**
die Klinge, -n **29**
der Klinkerstein, -e **18**
der Knieschoner, – **2**
kombinieren, hat kombiniert **33**
die Körnung, -en **27**
der Kran, -e / ¨-e **7**
der Kranführer, – / die Kranführerin, -nen **7**
die Krankabine, -n **7**
der Kranturm, ¨-e **7**
kratzen, hat gekratzt **12**
die Kratzprobe, -n **28**
der Kratzputz (Sg.) **12**
die Kreuzschlitzschraube, -n **26**
der Kreuzschlitzschraubendreher, – **26**
die Kunstfaser, -n **32**
künstlich **9**
der Kunststoff, -e **19**
das Kunststoffrohr, -e **19**
kunstvoll **23**
der Kurzschluss, ¨-e **35**
der Lack, -e **33**
lackieren, hat lackiert **33**
die Lage, -n **8**
die Lagerfuge, -n **8**
das Laminat, -e **32**
der Laminatschneider, – **32**
langlebig **24**
die Längsfuge, -n **8**
der Lappen, – **28**
der Laser-Entfernungsmesser, – **21**
der Laster, – **17**
der Lastkraftwagen, – **15, 17**
der Lastzug, ¨-e **17**
die Latte, -n **34**
die Laufkatze, -n **7**
legen, hat gelegt **22**
der Lehm, -e **9**
der Lehrling, -e **1**
die Leistung, -en **35**
der Leiter, – **35**
die Leiter, -n **30**
die Leitung, -en **13**
die Leuchte, -n **35**
der Lkw, -s / – **15, 17**
der Lkw-Fahrer, – / die Lkw-Fahrerin, -nen **17**
locker **20**
der Löffel, – **16**
lose **18**
das Lösemittel, – **28**
lösen, hat gelöst **15**
die Luft (Sg.) **36**
lüften, hat gelüftet **36**
der Lüfter, – **36**
die Lüftung, -en **36**
die Lüftungsanlage, -n **36**
das Malerkrepp (Sg.) **30**
der Malerspachtel, – **29**
manuell **27**
die Maschine, -n **15**

Quellenverzeichnis

Cover: © Thinkstock/iStock/Jean-philippe WALLET

Fotos Innenteil:

S. 5: Spachtel © Getty Images/iStock/freie-kreation

S. 6: Ü2: A © fotolia/Sandor Kacso, B © Getty Images/E+/simonkr, C © Getty Images/iStock/Halfpoint, D © Thinkstock/iStock/Bogdanhoda, E © Thinkstock/iStock/guruXOOX; Ü4 © Getty Images/E+/pixdeluxe

S. 7: Ü6 © © Getty Images/iStock/asiseeit; Ü7 © Blickfang – stock.adobe.com

S. 8: Ü1: 1 © Getty Images/E+/londoneye, 2 © Getty Images/iStock/Cunaplus_M.Faba, 3 © fotolia/Gabi Günther, 4 © Getty Images/iStock/Riccardo_Mojana, 5 © Ferrante Pietro – stock.adobe.com; Ü2 © Getty Images/iStock/gpointstudio

S. 9: Ü4: 1 © Getty Images/iStock/indigolotos, 2 © Getty Images/iStock/Difydave, 3 © Getty Images/iStock/DonNichols, 4 © Getty Images/iStock/Cloud7Days, 5 © Getty Images/iStock/Duangphorn Wiriya

S. 10: Ü1: Gebotszeichen © fotolia/bilderzwerg, Verbotszeichen © Thinkstock/iStock/leremy; Ü2: Gebotszeichen: B, C, E, F, I © fotolia/bilderzwerg; Verbotszeichen: A © Thinkstock/iStock/leremy; D, G, H, J © Getty Images/iStock/29mokara; Ü3: 1 © viktorijareut – stock.adobe.com; 2, 3, 4 © Getty Images/iStock/29mokara

S. 11: Ü4: 1 – 5 © fotolia/bilderzwerg; Ü5: 1, 2 © Getty Images/iStock/29mokara

S. 12: Ü1b Warnzeichen © Thinkstock/iStock/luplupme; Ü2: 1, 2, 4, 5 © Thinkstock/iStock/luplupme; 3 © Getty Images/iStock/coolvectormaker, 6 © Getty Images/iStock/moritanana; Ü3: Foto © Getty Images/iStock/ABUN5M

S. 13: Ü4: A, B © fotolia/markus_marb; D © Getty Images/iStock/Seetwo; E, F © Getty Images/iStock/29mokara; C © fotolia/T. Michel; Ü5: 1 – 4 © fotolia/T. Michel

S. 14: Ü1 © Getty Images/E+/gilaxia; Ü2: 1 © Getty Images/iStock/Sean Pavone, 2 © Thinkstock/iStock/slava296, 3 © Getty Images/E+/acilo, 4 © Getty Images/iStock/Maksim Zilberman, 5 © Getty Images/iStock/buzbuzzer

S. 15: Ü4a: 1 © Getty Images/iStock/gjp311, 2 © Wolfilser – stock.adobe.com, 3 © Getty Images/iStock/brizmaker, 4 © Getty Images/E+/ArtistGNDphotography; Ü4b © Getty Images/iStock/IvancoVlad

S. 16: Ü1: Illustration: Mascha Greune, München; Ü2 © Getty Images/iStock/Detailfoto

S. 17: Ü5 © Getty Images/E+/sturti

S. 18: Ü1 © Getty Images/E+/ewg3D; Ü3 © Getty Images/iStock/Harvepino

S. 19: Ü6 © Getty Images/E+/skynesher

S. 20: Ü1b: 1 © Hoda Bogdan – stock.adobe.com, 2 © Getty Images/iStock/Ahmet K, 3 © Hoda Bogdan – stock.adobe.com, 4 © Getty Images/iStock/DNY59; Ü3 © Getty Images/iStock/the8monkey

S. 21: Ü5 © Getty Images/iStock/kadmy

S. 22: Ü1b: A © Getty Images/iStock/FreshSplash, B © iStock/DonNichols, C © Getty Images/iStock/FokinOl, D © Getty Images/iStock/Coprid; Ü2 © Getty Images/iStock/SimoneN; Ü3: Hammer © Getty Images/iStock/Togapix, Wasserwaage © Thinkstock/Hemera/Zeljko Bozic, Maurerkelle © Getty Images/E+/moniaphoto, Zollstock © Thinkstock/iStock/svariophoto, Glättkelle © Getty Images/iStock/v_zaitsev, Senklot © Björn Wylezich – stock.adobe.com, Fugenkelle © Sharidan – stock.adboe.com

S. 23: Ü4 © akf – stock.adobe.com

S. 24: Ü1a © Getty Images/iStock/Eerik; Ü2: Betonmischer © Getty Images/iStock/AndrewLam, Beton in Schalung © Getty Images/iStock/Andrii Borodai

S. 25: Mischerfahrzeug © Countrypixel – stock.adobe.com, Rüttler © Getty Images/iStock/eyjafjallajokull; Ü3 © Getty Images/E+/Avalon_Studio; Ü4 © Getty Images/iStock/sommersby

S. 26: Ü1: Haus © Getty Images/iStock/phototropic, Regenrinne © Getty Images/iStock/Serhii Akhtemiichuk; Ü2: 1 © Getty Images/iStock/Hajohoos, 2 © ah_fotobox – stock.adobe.com; Ü3b: 1 © mirkograul – stock.adobe.com, 2 © Kara – stock.adobe.com, 3 © Getty Images/ioStock/Sakkawokkie

S. 27: Ü4: A, B © Getty Images/iStock/U. J. Alexander, C © Getty Images/iStock/Imagesines, D © Getty Images/iStock/tfoxfoto, E © Getty Images/iStock/sculpies; Ü6 © Getty Images/iStock/sturti

S. 28: Ü1 © mitifoto – stock.adobe.com; Ü2: 1 © Sharidan – stock.adobe.com, 2 © Getty Images/iStock/SimoneN, 3 © Shawn Hempel – stock.adobe.com, 4 © Getty Images/iStock/freie-kreation; Ü3 © Getty Images/iStock/FotoDuets

S. 29: Ü5: reiben © Getty Images/iStock/RGtimeline, spritzen © HeinzWaldukat – stock.adobe.com

S. 30: Ü1 © Getty Images/iStock/roman023; Ü2: 1 © vekidd – stock.adobe.com, 2 © Getty Images/iStock/lnzyx, 3 © Getty Images/iStock/AS_Fotos, 4 © Ingo Bartussek – stock.adobe.com, 5 © Stockr – stock.adobe.com, 6 © Reiner Wellmann – stock.adobe.com; Ü4a: A © Getty Images/iStock/filmfoto, B © fefufoto – stock.adobe.com

S. 31: Ü6 © Getty Images/E+/dszc

S. 32: Ü1: 1 © Thinkstock/Comstock, 2 © akiyoko – stock.adobe.com, 3 © Getty Images/iStock/serkanozalp, 4 © Lukas Gojda – stock.adobe.com; Ü2 © agnormark – stock.adobe.com; Ü3a © NiRain – stock.adobe.com

S. 33: Ü5 © Bernd Leitner – stock-adobe.com

S. 34: Ü1: Radlader © ASP media – stock.adobe.com, Bagger © Petair – stock.adobe.com, Lkw © Countrypixel – stock.adobe.com, Walze © Ewald Fröch – stock.adobe.com, Rüttelplatte © Getty Images/iStock/Animaflora, Planierraupe © Getty Images/iStock/Frankhuang, verschiedene Maschinen © keBu.Medien – stock.adobe.com

S. 35: Ü4 © Melisback – stock.adobe.com

S. 36: Ü1: Raupenbagger © Getty Images/iStock/WendellandCarolyn, Schwimmbagger © Aleksandr Lesik – stock.adobe.com, Radbagger © Getty Images/iStock/kadmy, Schreitbagger © T^^F – stock.adobe.com; Ü2: Hamburger Hafen © Getty Images/iStock/robertmandel, Flussmündung © Getty Images/E+/Kemter, Meeresbucht © Getty Images/iStock/ClaraNila

S. 37: Ü3 © Getty Images/DigitalVision Vectors/A-Digit; Ü5 © Aleksandr Lesik – stock.adobe.com

S. 38: Ü1: Lastzug © Getty Images/iStock/Bim, Sattelzug © Getty Images/iStock/Jaroslaw Kilian; Ü2b: 1-3 © Getty Images/iStock/Alex-White; Ü3 © Robert Poorten – stock.adobe.com

S. 39: Ü4b: A © Getty Images/E+/Andyqwe, B © LVDESIGN – stock.adobe.com, C © iStockphoto/TommL; Ü5 © littlewolf1989 – stock.adobe.com

S. 40: Ü1: Schotterstraße © Getty Images/iStock/lpweber, Asphaltstraße © Thinkstock/iStock/mikolajn, Betonstraße © Fontanis – stock.adobe.com; Ü2: 1 © Getty Images/DigitalVision Vectors/desifoto, 2 © Getty Images/iStock/malven57, 3 © Getty Images/iSock/beekeepx, 4 © fefufoto – stock.adobe.com

S. 41: Ü2: 5 © Kara – stock.adobe.com, 6 © Getty Images/iStock/Afonkin_Yuriy, 7 © Getty Images/iStock/Luis Soquetti; Ü4 © Getty Images/E+/Wicki58, Ü5 © Getty Images/iStock/Schad1953

S. 42: Ü1 © Frank Wagner – stock.adobe.com; Ü2a: 1 © strubel – stock.adobe.com, 2 © Getty Images/iStock/posonsky, 3 © Animaflora PicsStock – stock.adobe.com, 4 © Getty Images/iStock/Semen Salivanchuk; Ü3 © Getty Images Plus/iStock/Vladimir Zapletin

S. 43: Ü4 © Getty Images/iStock/CHIARI_VFX; Ü5: A © Getty Images/iStock/Arsgera, B © Getty Images/iStock/Serhii Ivashchuk, C © Getty Images/iStock/Tohid Hashemkhani, D: Illustration: Sophie Bischoff

S. 44: Ü1: Schaufel © Joaquin Corbalan – stock.adobe.com, Handstampfer © efufoto – stock.adobe.com, Steingabel © Getty Images/iStock/tobi, Spaten © TIMDAVIDCOLLECTION – stock.adobe.com, Schubkarre © Getty Images/iStock/Konstantin Karpov; Ü2a: 1 © Getty Images/iStock/FotoDuets, 2 © aloha_17 – stock.adobe.com, 3 © maho – stock.adobe.com, 4 © Floydine – stock.adobe.com

S. 45: Ü3b © Sigtrix – stock.adobe.com; Ü4 © Getty Images/iStock/IKvyatkovskaya

S. 46: Ü1: Illustration: Mascha Greune, München; Ü2: 1 © Bauspion Stahl 100cm, EgelkrautVermessungstechnik, 2 © Getty Images/iStock/VivianG, 3 © Getty Images/iStock/nicolamargaret, 4 © Getty Images/iStock/Anton Skripachev, 5 © Getty Images/iStock/dima_sidelnikov

S. 47: 3b: Theodolit © Getty Images/iStock/kadmy, Nivelliergerät © kokliang1981 – stock.adobe.com, Rotationslaser © Getty Images/iStock/atracurium

S. 48: Ü1 © Getty Images/iStock/Visivasnc; 2b: 1. Reihe: Foto links © Getty Images/iStock/AndreyPopov, Foto mittig © Getty Images/iStock/Jean-philippe WALLET, Foto rechts © Getty Images/iStock/Daniel Besic; 2. Reihe: Foto links © Getty Images/iStock/simazoran, Foto rechts © Getty Images/iStock/brizmaker

S. 49: Ü5 © Agence DER – stock.adobe.com

S. 50: Ü2b: 1 © Kadmy – stock.adobe.com, 2 © artursfoto – stock.adobe.com; 3b: Illustration links: Mascha Greune, München; Foto mittig © stefan1179 – stock.adobe.com, Foto rechts © Getty Images/iStock/Andrii Medvediuk

S. 51: Ü4: 1 © stock28studio – stock.adobe.com, 2 © Gerhard Seybert – stock.adobe.com

S. 52: Ü1: Bodenfliese © Getty Images/E+/BanksPhotos, Wandfliese © Getty Images/iStock/photovs; Ü3: 1 © Getty Images/iStock/Gunter Kremer, 2 © L.Bouvier – stock.adobe.com, 3 © Getty Images/E+/JohnGollop, 4 © MM – stock.adobe.com, 5 © Getty Images/iStock/adventtr, 6 © Natallia – stock.adobe.com, 7 © Fototocam – stock.adobe.com, 8 © Getty Images/iStock/Coprid, 9 © Getty Images/iStock/CTRPhotos, 10 © Getty Images/iStock/v_zaitsev

S. 53: Ü4 © Getty Images/iStock/narvikk

S. 54: Ü1b: Foto links © Getty Images/iStock/-oqIpo-, Foto mittig © Getty Images/iStock/-oqIpo-, Foto rechts © Getty Images/iStock/Alexander Pytskiy; Ü4 © Getty Images/iStock/pphotobank

S. 55: Ü6: Foto links © Getty Images/iStock/bodu9, Foto rechts © aomas – stock.adobe.com

S. 56: Ü1: 1-3 © Thinkstock/iStock/Zoonar RF, 4 © Getty Images/iStock/vav63, 5 © Winai Tepsuttinun – stock.adobe.com; Ü2: 1 © Getty Images/iStock/Olimpia Tosheva, 2 © Getty Images/iStock/SabirBabayev, 3 © Getty Images/iStock/HaraldBiebel, a © Getty Images/iStock/He2, b © Simank – stock.adobe.com, c © Getty Images/iStock/He2; Ü3: Schraubenschlüssel © fotodrobik – stock.adobe.com, Drehmomentschlüssel © Getty Images/iStock/pxhidalgo

S. 57: Ü5: Dübel und Bohrloch © Getty Images/iStock/Serhii Ivashchuk, Bohrmaschine © Getty Images/iStock/weerapatkiatdumrong

S. 58: Ü1 © Getty Images/iStock/Maria Sannikova; Ü2: Winkelschleifer © Getty Images/iStock/heinteh, Deltaschleifer © Getty Images/iStock/TPopova, Schwingschleifer © Getty Images/iStock/artproem, Exzenterschleifer © Getty Images/iStock/Nina Russkova; Ü3 © Getty Images/iStock/niuniu

S. 59: Ü5 © Getty Images/E+/skynesher; Ü6 © nskyr2 – stock.adobe.com

S. 60: Ü1 © auremar – stock.adobe.com; Ü2: Riss © Getty Images/iStock/wattanaphob, Schmutz © Getty Images/iStock/unomat, Blasenbildung © Getty Images/iStock/penkanya, Abplatzung © Getty Images/DigitalVision Vectors/4khz; Ü3a: Gitterschnittprüfung: Mascha Greune, München

S. 61: Ü3b © Thierry/Gitterschnittmesser; Ü5 © Getty Images/iStock/JoKMedia,

S. 62: Ü1: 1 © Getty Images/E+/kelvinjay, 2 © Getty Images/iStock/Algul, 3 © VRD – stock.adobe.com; Ü2: Cutter © Getty Images/iStock/onairjiw, Handschaber © Getty Images/iStock/Jiradelta, Drahtbürste © Getty Images/iStock/Olha_stock, Flächenschaber © Getty Images/iStock/Gunter Kremer, Wand- und Deckenschaber: Mascha Greune, München; Heißluftpistole © Getty Images/iStock/alexxl66, Farbschaber: Mascha Greune, München

S. 63: Ü3 © Getty Images/iStock/Nednapa; Ü6: © Getty Images Plus/iStock/pablohart

S. 64: Ü1: 1 © Getty Images/E+/SDI Productions, 2 © NAWKO – stock.adobe.com, 3 © PhotoSG – stock.adobe.com; Ü2: Abstreifgitter © v.poth – stock.adobe.com, Leiter © Getty Images/iStock/CaoChunhai, Farbroller © Getty Images/iStock/seregam, Ringpinsel © marcus_hof smann – stock.adobe.com, Farbwanne © Getty Images/iStock/Roman Budnyi, Flachpinsel © vvoe – stock.adobe.com, Rührstab: Sophie Bischoff, Teleskopstange© Getty Images/iStock/HappyNati, Rührgerät © Getty Images/iStock/Liudmyla Liudmyla, Farbeimer © Getty Images/iStock/ddukang

S. 65: Ü3: 1: © Thilo Grosse – stock.adobe.com, Blätter: Sophie Bischoff; 2–4 © Getty Images/iStock/Grassetto;

S. 66: Ü1: A © gradt – stock.adobe.com, B © gabort – stock.adobe.com, C © Ramona Heim – stock.adobe.com, D © Getty Images/iStock/Nikita Rublev, E: Tapeziermesser: Sophie Bischoff, F © Getty Images/iStock/strukolga, G © DenisProduction.com – stock.adobe.com; Ü2 © Getty Images/E+/Andrew_Howe

S. 67: Ü3 © Getty Images/iStock/foto-ruhrgebiet; Ü5 © yunava1 – stock.adobe.com

S. 68: Teppich © Getty Images/iStock/AndreyPopov, Laminat © vchalup – stock.adobe.com, Parkett: Isabel Buchwald-Wargenau, Leipzig, PVC-Belag © Ingo Bartussek – stock.adobe.com; Ü2: Laminatschneider © Martina Roth – stock.adobe.com, Teppichmesser © Getty Images/iStock/Richard Villalonundefined undefined, Abstandskeil © Robson90 – stock.adobe.com, Schlagklotz © Guido Grochowski – stock.adobe.com, Zugeisen © Dan Race – stock.adobe.com, Teppichkleber © Titi Matei – stock.adobe.com, doppelseitige Klebeband © sveta – stock.adobe.com

S. 69: Ü3 © Getty Images/iStock/andreygonchar

S. 70: Ü1, Farbfächer © Getty Images/iStock/adventtr; Ü2: 1 © Getty Images/iStock/cyano66, 2 © 3d_kot – stock.adobe.com, 3 © ronstik – stock.adobe.com, 4 © Getty Images/iStock/Arelix; Ü4 © Getty Images/iStock/Kurgu128

S. 71: Ü5 © Heiko Küverling – stock.adobe.com; Ü7 © Getty Images Pljus/iStock/hemul75

S. 72: Ü1: 1 © Getty Images/iStock/LobodaPhoto, 2 © Getty Images/iStock/deepblue4you, 3 © Getty Images/iStock/sergeyryzhov; Ü2b © Getty Images/iStock/domnicky; Ü3: 1 © Getty Images/iStock/Veni vidi...shoot, 2 © Getty Images/iStock/Shiva3d, 3 © Getty Images/iStock/mbongorus, 4 © Rob Stark – stock.adobe.com, 5 © Getty Images/iStock/Dmetsov, 6 © pioneer111 – stock.adobe.com

S. 73: Ü7 © abishome -stock.adobe.com

S. 74: Steckdose © Getty Images/iStock/deepblue4you, Schalter © Getty Images/iStock/Alexthq, Fehlerstrom-schutzschalter © Нелик Дулатов – stock.adobe.com, Verteiler © Getty Images/iStock/AndreyPopov, Leuchte © Getty Images/iStock/Sinenkiy; Ü3: Sicherung © M-Production – stock.adobe.com, Strom © Getty Images/iStock/iLexx, Stromschlag © Getty Images/iStock/jehsomwang

S. 75: Ü5 © ReaLiia – stock.adobe.com

S. 76: Ü1 © markus_marb – stock.adobe.com; Ü2 © Getty Images/iStock/coffeekai; Ü4: 1 © Getty Images/iStock/tiler84, 2 © Getty Images/E+/phototropic, 3 © Getty Images/iStock/akinshin, 4 © Getty Images/iStock/Francesco Milanese, 5 © gradt – stock.adobe.com, 6 © Getty Images/iStock/jgroup

S. 77: Ü6 © Kzenon – stock.adobe.com

S. 78: Ü1 © Getty Images/iStock/Wicki58; Ü2 © Getty Images/iStock/iconsimo

S. 79: Ü5 © Getty Images/iStock/eyjafjallajokull; Ü7 © Getty Images/E+/Bim

Bildredaktion: Sophie Bischoff, Hueber Verlag, München

Inhalt des MP3-Downloads zum Buch:

Sprecher:innen: Walter von Hauff, Verena Rendtorff, Manuel Scheuernstuhl, Patricia Strasburger

Produktion: Atrium Studio Medienproduktion GmbH, München